绍兴舜王庙会

绍兴舜王庙会

总主编 陈广胜

浙江省非物质文化遗产代表作丛书

俞婉君 钱斌 编著

浙江古籍出版社

前 言

浙江省文化广电和旅游厅党组书记、厅长　陈广胜

　　中华文明在五千多年的历史长河里创造了辉煌灿烂的文化成就。多彩非遗薪火相传，是中华文明连续性、创新性、统一性、包容性、和平性的生动见证，是中华民族血脉相连、命运与共、绵延繁盛的活态展示。

　　浙江历史悠久、文明昌盛，勤劳智慧的人民在这块热土创造、积淀和传承了大量的非物质文化遗产。昆曲、越剧、中国蚕桑丝织技艺、龙泉青瓷烧制技艺、海宁皮影戏等，这些具有鲜明浙江辨识度的传统文化元素，是中华文明的无价瑰宝，历经世代心口相传、赓续至今，展现着独特的魅力，是新时代传承发展优秀传统文化的源头活水，为延续历史文脉、坚定文化自信发挥了重要作用。

　　守护非遗，使之薪火相续、永葆活力，是时代赋予我们的文化使命。在全省非遗保护工作者的共同努力下，浙江先后有五批共241个项目列入国家级非遗代表性项目名录，位居全国第一。如何挖掘和释放非遗中蕴藏的文化魅力、精神力量，让大众了解非遗、热爱非遗，进而增进文化认同、涵养文化自信，在当前显得尤为重要。2007年以来，我省就启

动《浙江省非物质文化遗产代表作丛书》编纂出版工程，以"一项一册"为目标，全面记录每一项国家级非遗代表性项目的历史渊源、表现形式、艺术特征、传承脉络、典型作品、代表人物和保护现状，全方位展示非遗的文化内核和时代价值。目前，我们已先后出版四批次共217册丛书，为研究、传播、利用非遗提供了丰富详实的第一手文献资料，这是浙江又一重大文化研究成果，尤其是非物质文化遗产的集大成之作。

历时两年精心编纂，第五批丛书结集出版了。这套丛书系统记录了浙江24个国家级非遗代表性项目，其中不乏粗犷高亢的嵊泗渔歌，巧手妙构的象山竹根雕、温州发绣，修身健体的天台山易筋经，曲韵朴实的湖州三跳，匠心精制的邵永丰麻饼制作技艺、畲族彩带编织技艺，制剂惠民的桐君传统中药文化、朱丹溪中医药文化，还有感恩祈福的半山立夏习俗、梅源芒种开犁节等等，这些非遗项目贴近百姓、融入生活、接轨时代，成为传承弘扬优秀传统文化的重要力量。

在深入学习贯彻习近平文化思想、积极探索中华民族现代文明的当下，浙江的非遗保护工作，正在守正创新中勇毅前行。相信这套丛书能让更多读者遇见非遗中的中华美学和东方智慧，进一步激发广大群众热爱优秀传统文化的热情，增强保护文化遗产的自觉性，营造全社会关注、保护和传承文化遗产的良好氛围，不断推动非遗创造性转化、创新性发展，为建设高水平文化强省、打造新时代文化高地作出积极贡献。

目
录

"古有三圣,越兼其二",绍兴乃舜禹之邦,始终承继着舜禹之遗风。时至今日,绍兴仍传存着诸多与舜禹有关的地名、风物、遗存、传说等物质的或非物质的文化遗产。

舜,姚姓,名重华,号有虞氏,史称"虞舜",为我国远古时期"三皇五帝"之一。虞舜对绍兴风俗文化的影响是广泛而深远的,早在南宋之时,王十朋《会稽风俗赋》便有论述:"舜为人子,克谐以孝,故其俗至今烝烝是效;舜为人臣,克尽其道,故其俗至今孳孳是蹈;舜为人兄,怨怒不藏,故其俗至今爱而能容;舜为人君,以天下禅,故其俗至今廉而能逊。"舜王庙会和虞舜传说作为两项重要的非物质文化遗产,是虞舜精神和文化得以世代传承并绽放光彩的活的载体。

绍兴舜王庙会是一项以舜王祭祀的信仰仪式为核心,融合了会市、民间艺术、戏曲表演等的民俗活动,主要传续在以王坛舜王庙为核心的会稽山区,涉及绍兴的柯桥、上虞、嵊州、诸暨等地,并影响到周边区域,波及全国乃至海外。它是绍兴民众在历史长河中创造并共享的地方性文化盛事,凝聚着民众的智慧、情感和审美,满足着人民归属感的需要,具有重要的历史研究价值、文化认同和社会治理功能。

保护好、传承好、发展好以舜王庙会为代表的虞舜文化,是绍兴义不容辞的责任。自非物质文化遗产保护工作起步以来,舜王庙会就被列入保护名录,开始了记录保存、研究交流、传承传播、转化利用等各项工作,得到各级党委政府的关心支持,作为保护单位的绍兴市虞舜文化研究会,更是一个专门从事虞舜文化的保护、传承和弘扬的社会团体，凝聚着地方专家学者、企事业单位人员、社会热心人士、传承人群等各方力量，积极研究制定保护规划，开展项目的记录保存、传承实践、学术交流、传播服务等工作，有效推动了舜王庙会的保护、传承与传播。

2021年6月，绍兴舜王庙会入选国务院公布的第五批国家级非物质文化遗产代表性项目名录。入选国遗，是一份荣光，更是一份使命，开启了绍兴舜王庙会保护传承的新征程。绍兴市将一如既往地凝心聚力、守正创新，继续谱写绍兴舜王庙会赋能人民美好生活的新篇章。

绍兴市文化广电旅游局党委书记、局长　胡华良

一、概述

舜被尊为我国古代五帝之一。传说舜曾巡守会稽山区，出于对他德行与造福一方功绩的敬仰，人们建了一座座庙宇来祭祀舜王，讲述着一个个关于他的传说，信奉舜王的山民朝山进香、举办巡会，其影响范围遍及绍兴城区、上虞、诸暨、嵊州等地区。

一、概述

　　舜，姚姓，有虞氏。史称虞舜、舜，被尊为我国古代五帝之一，史书上关于他的记载不少。传说舜曾巡守会稽山区，出于对他德行与造福一方功绩的敬仰，当地民众就把他神化了。人们建了一座座庙宇来祭祀舜王，讲述着一个个关于他的传说，信奉舜王的山民朝山进香、举办巡会，其影响范围遍及绍兴城区、上虞、诸暨、嵊州等地区。独特的自然、地理环境使这一带民众的信仰心理与审美情趣发生了潜移默化的影响，形成相对封闭的舜王信仰文化空间。

[壹] 会稽山区风貌

　　会稽山区位于绍兴城东南，是一片整体海拔高度不超过 1000米的丘陵，又称"稽南丘陵"。山区呈西南－东北走向，穿过绍兴县（今柯桥区）南部、诸暨东部和嵊州西北部，是浦阳江和曹娥江的分水岭。因大禹会诸侯于此地，故得名会稽。会稽山区总面积约为 350 平方千米，主峰东白山（1194.6 米）位于诸暨、嵊州、东阳三地交界处，山上坡缓谷宽，土层深厚，山势逐渐降低，最后没入绍虞水网。沿主山脉向东北延伸，平水南部、稽东、王坛、谷来等镇处于会稽山脉南部山区，全部在小舜江流域范围内。温暖湿润的亚热带季风气候使得会稽山区植被丰茂、动植物资源丰富，山间盆地和河谷地则为上古先民聚族而居、刀耕火种提供了土壤与空间，为古代文明的孕育与延续提供了必要的生态环境。许多珍贵的动植物资源蕴藏其间，例如香榧果树等，保留了较为完整的原始自然生态系统。越王勾践之前的历史时期，先民以开发这一区域为主，这里建有越国都城，越国人民以都城为中心在附近的孤丘山地之间开展生产活动。

旧时会稽山区交通闭塞，村落分布比较零散，农民们年复一年日出而作，日落而息，平日里极少走亲访友，也少有娱乐活动，许多农民一辈子的活动范围也不过方圆数十里。山区神灵信仰十分普遍，几乎每村都有一座村庙，供奉着本村的保护神，而舜则是这一带民众共同供奉的神灵。舜王庙不仅为山村民众提供了精神慰藉之所，也为过往行人提供了栖息之处。

旧时交通多依赖小舜江水系，因其流域内有舜王庙，故名。小舜江全长73千米，流域面积544平方千米，流域内风光秀丽。小舜江上游水系丰富，其中最大的两条支流为南、北二溪。南溪自嵊州竹溪赤藤冈起，流经谷来、马溪，进入柯桥区王坛镇；北溪自柯桥区稽东镇起，流经王坛镇与南溪汇合，至上浦小江口汇入曹娥江。王坛镇流段又有支流汇入，名双江溪，国家级重点文

物保护单位舜王庙正坐落于此。中华人民共和国成立前，南部山区和古城陆路交通不便，当地人出行上虞、宁波、杭州和上海时，都要利用舜王庙前的这条通向曹娥江的双江溪，此溪同时也是运送物产、物资的唯一一条水路。舜王庙处于交通要道上，这就便利了各地商贾在舜王庙会期间运货前来做买卖，形成颇具规模的临时性集市。对舜的信仰也因此得以广为传播。

会稽山区独特的自然地理环境构成了民间虞舜文化最基本的物质空间。生活在这里的民众世代供奉舜王大帝，并在漫长的岁月里留下了深厚的文化积淀。众多有关舜的传说流传于民众口中，以近似于"信史"的姿态讲述着舜的神迹；分散于山区村落的庙宇群不仅为表演提供物理空间，而且庙宇之间相互联系，划定了舜信仰的基本地理边界；朝山进香、迎神巡会等祭祀仪式为民众构筑了从凡俗到神圣的过渡空间，也是表演发生的直接情境。1997年，随着小舜江供水工程开始兴建，舜王信仰圈内2县3镇19个行政村的乡民因位于水源保护地而外迁[1]。整个绍兴南部会稽山区都被纳入Ⅱ类水源保护区，政府鼓励保护区范围内居民外迁，

[1] 汤浦水库，又名小舜江水库，于1997年12月开始兴建。水库库区移民包括上虞市（今上虞区）汤浦镇庙下村等12个行政村，绍兴县（今柯桥区）王坛镇登岸村、双溪村等6个行政村和平水镇长征村，共涉及2县3镇19个行政村，移民总数达5406户。

严格控制保护区范围内村镇规模和人口机械增长[1]，蕴藏在青山碧水之中的虞舜信仰，由此进入了一个新的历史时期。

[贰]舜：稻作农耕始祖传说

舜，又被称作虞舜，其中"虞"为国号，"舜"则是其谥号，意为"仁圣盛明"。相传为五帝之一，姓姚，名重华。《史记·五帝本纪》中讲他的父亲瞽叟"爱后妻子，常欲杀舜，舜避逃；及有小过，则受罪。顺事父及后母与弟，日以笃谨，匪有解"。因此，在 20 岁那年，他就以孝顺而闻名天下，30 岁为四岳举荐，而任用于唐尧。舜耕历山，渔雷泽，烧制陶器，发明各种百姓所需之器皿。61 岁继唐尧而登上帝位，立法制、任百官、定礼乐、平三苗，执政 39 年，成为后世代代相传的"大圣大智，有仁德于天下的好皇帝"。

关于舜的出生地，一直以来民间传说众多，学界也无定论。然，在浙东一域，确有众多以舜命名或者与舜有关的事迹、地名、人文风物，留传至今。绍兴当地广泛流传着舜生于今绍兴上虞等地的传说，并载入地方文献和志书，《会稽风俗录》《宝庆续会稽志》《上虞县志》等都有这方面的明确记载。然而，毕竟是上古事

---

[1] 绍兴市人民政府《绍兴市汤浦水库水源环境保护办法》第十八条：鼓励保护区范围内居民外迁，严格控制保护区范围内村镇规模和人口机械增长。（二〇一〇年七月二十二日）

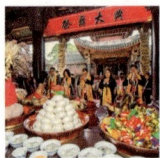

迹，沧海桑田，史实与传说层层相垒。单就舜王的诞生之地，就有三种说法，或说山西，或说山东，上虞只是诸说之一："余姚、上虞两县皆以舜得名，其水之经余姚者曰姚江，亦曰舜江。……余姚有历山，上虞有握登山，舜母之名也。……有象田，其土中耕者往往得古陶器，舜之古迹在此两县为最多。……然大概舜之生在余姚、上虞，故曰'东夷之人'。"（黄宗羲《孟子师说·舜生于诸冯章》）。

南宋时温州乐清人王十朋则在《会稽风俗赋》中，先列举了历史与传说中有关舜王降生的种种说法，但觉"历世逾远流传失真"，"然邪否邪"他也不好评断，只是"越之邑则有上虞、余姚，山则有虞山、历山，水则有渔浦、三忱，地则有姚丘、百官，里焉有粟，陶焉有灶，汲焉有井，祀焉有庙，其遗迹也"，这种种舜王遗迹都显示了会稽山区，乃至在此繁衍、生生不息的百姓，都与舜王有着不可否认的联结，由此推出结论："意者不生于是则游于是乎？"——即便舜王没有出生在这里，也曾在这里长期游历过吧。于是，才有了南朝梁任昉《述异记》中描述的情景："帝舜南巡，葬于九疑，民思之，立祠，曰望陵祠。"虽然舜王薨于江上，葬于湖广，但这些都不影响会稽山区的民众思念、纪念这位君王。

这种思念，这种情感，刻诸历史，凝聚于风物，流传于民众的口口相承之中。譬如上虞的虹漾村，便是传说中的虞舜降生之地。此地叫作"姚墟"，是有虞氏部族的故地。部族中掌管天象的瞽叟和妻子握登生活在此。一夜，握登梦见彩虹绕身，醒来便有了身孕，怀胎十有四月，终于产下一子，这便是舜。据说，舜生时，彩虹漫天，此地便改名"虹漾"，又有舜江，有握登山，山上还曾有舜母庙、祥虹阁。舜王去世之后，大禹将其陵墓迁于青桐湾村。伴虹而生的舜王，此时又化虹归去，留下"虹坟"的地名，供后人追思凭吊。民间传说常常如此，情感真挚，色彩浓厚艳丽。

进一步挖掘，不难发现，会稽山区流传着的虞舜传说，并不止于生养死葬，而是与他的生平功绩斗榫合缝，紧密相连。这些传说往往富含生活实践，不亲自劳动的文人编不出这种情节来。如舜的后娘让他们兄弟俩去割柴火，将一把钩刀（镰刀）给了她的亲生儿子象，把剃刀给了舜。舜也不争吵，拿着剃刀去割茅草，割得很快，象在边上看呆了，用自己手里的钩刀去割茅草，却割来割去割不断，空着手回家了。第二天，后娘把剃刀给象，把钩刀给舜。舜拿钩刀去砍树桠杈，又砍了一大片。象很是羡慕，也用自己手里的剃刀去砍树桠杈，却还是砍不动，云云。

传说虞舜为人至孝，《史记》云："舜母死，瞽叟更娶妻而生象，象傲。瞽叟爱后妻子，常欲杀舜，舜避逃……"萧山桃源乡有舜湖。传说后母对舜百般虐待，可即便如此，舜还是可怜后娘年老力乏。从此，他的贤德之名远播，尧听闻后寻访而来。正巧，

舜正在耕田，见田坡上一位长者问话，便走到田边，洗净双脚，穿好草鞋，规规矩矩向尧行礼。尧见了十分满意，就请舜入朝为官。后来这块地方就叫作"舜湖"。上虞上浦镇，又有帐子山。传说舜父瞽叟每到夏夜，饱受蚊虫叮咬之苦，舜便赤身坐在父亲窗前任蚊虫叮咬。此事被土地知晓，上奏天帝，天帝被孝心所感，令织女制作蚊帐，抛向这里，蚊帐落地便成了帐子山。

又传说虞舜为稻作文化始祖。历数虞舜功绩，有"舜耕历山，历山之人皆让畔"。余姚低塘便有一座历山——历山南坡传为舜王居所，凿有石眠床、石马桶、石脚桶、石尿瓶等，可谓将想象与生活融合到了极致。会稽山区南部，又有舜耕象田、天降稻谷的传说流布，说舜被后母刁难，耕田既无牛又无稻种，只能求告上苍，上天被其感动，派下白象为之耕田，并降下谷种。白象耕田之所，为象田，在上虞上铺；上天降谷之地，称谷来，掩于绍虞山陵之间。又有"渔雷泽，雷泽之人皆让居"，于是有上虞之渔浦；有"陶河滨，河滨器皆不苦窳"，因之"陶有灶焉"，甚至后来名扬于世的越窑青瓷，亦攀附虞舜制陶器为传承。

代代相传，虞舜是"大圣大智，有仁德于天下的好皇帝"。传说他为尧子丹朱相逼，避祸家乡，百官思念舜王贤德，到舜的老家来迎接他，上虞由此传下了隐岭、百官、百官桥、避仇亭等地名。甚至上虞之名的由来，除有虞之国、支庶封地外，《晋太康三年地记》云："舜与诸侯会事迄，因相娱乐，故曰上娱（娱通虞）。"绍兴又有王坛，亦名"黄坛"，传说为舜巡狩会稽山，筑坛祭天之处；有青坛，舜筑坛祭地之所；有尧廓，相传为舜继位后，为尧所选养老新都；有冢斜，舜妃登北氏在此奉养尧王，登北氏去世后葬于铜勺柄山，与尧妃墓相邻；有永兴庙，当地百姓相传永兴菩萨为舜的娘舅、尧的好友，在此地仙逝，唐代著名书法家虞世南为庙题额"攀龙附凤"。历史、现实、传说、风物，由是构成了会稽山区舜王文化的整体，成为这一民间信仰的思想基础和重要推动力，使得舜王庙会几乎成为当地民众生活的必需组成部分，推动着民众始终十分踊跃地参与其中。

事实上，在浙江省境内，以上虞、余姚为中心，东到绍兴城区、萧山、嵊州，西至永康一带，至今仍遗存着不少以舜命名，或者与舜的事迹有关的地名、自然风物，形成了内涵丰富的舜迹文化圈。根据《嘉泰会稽志》《光绪上虞县志》《光绪余姚县志》《越中杂识》等统计，见于其中的虞舜遗迹，在绍兴城区、上虞和余姚境内有 18 处之多：

名称	地址	内容
禹陵	会稽县南	禹下葬处
虞舜巡狩台	会稽县东南一百里	虞舜巡狩处
舜王庙	会稽县东南五十里	舜曾到此
握登山	山阴县西南四十里	舜母生处
历山	余姚县西北八十里	舜耕处
指石山	上虞县西南四十五里	舜登此石
握登圣母山	上虞县西南四十里	舜母生处
象田山	上虞县西南四十里	舜死，象为之耕田处
舜井	上虞县西南四十里	舜避父母害处
舜桥	上虞县龙山麓	舜率百官渡处
渔捕湖	上虞县东南	舜渔处
粟里	上虞县南	舜供储于此
姚邱	上虞县西四十里	舜葬处
谷林	上虞县西四十里	舜生处
虹样村	上虞县西南四十五里	舜生处

根据《嘉泰会稽志》《光绪上虞志》《光绪余姚志》《越中杂记》等统计。地名均依原志书。

而当代学者编著的《绍兴虞舜文化研究》《会稽山虞舜陵考》《虞舜遗踪集》等，在此基础上也作了不少补充。为了全面调研，2021年绍兴市虞舜文化旅游节开幕式上，绍兴市政府启动了"绍兴舜迹图"课题，随着课题推进，也许会有更多藏在深山人未知处的虞舜遗迹，进入大众的视野。

[叁] 绍兴舜王庙会源流

绍兴南部会稽山区的舜王信仰圈形成和发展历史悠久，立庙祭舜始于何时，庙会如何形成、发展，则不可确知。

据南宋《嘉泰会稽志》记载："舜庙在县东南一百里。"南朝梁任昉《述异记》云："会稽山有虞舜巡狩台，台下有望陵祠。帝舜南巡，葬于九疑，民思之，立祠，曰望陵祠。帝舜都郭门，古宫存焉。宫前尧台、舜馆，铭记古文，莫有识者。"南宋追思南朝，南朝又怀慕古宫，古宫里的铭文，古之又古，居然无人可识。这证明南朝时会稽山南部山区不仅有祭舜陵祠，而且庙堂规模不小，香火也旺，故虽远在绍兴城区百里外、身处会稽山南部山区，仍能被著名学者关注并记载下来。至于南朝人已不能辨识的"铭记古文"，不知是否为越王勾践剑剑身上铭刻的古越文字鸟篆。毕竟据史书记载，自夏帝少康封庶子无余于越，至越君夫谭，均蛰居于会稽山地，长达一千五百余年，其文鸟篆流传多久已无法考证，修建陵祠祭舜在古越国时代可能已经存在。

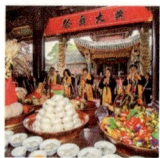

绍兴境内立祠祭祖起源也许更早。上虞士绅谷旸主编《舜王庙志》记载，传说夏朝一支虞氏后裔封于上虞的虞国，已立祠祭祖。此家庙在唐代已不存在，更无子孙祭祀。因为传说上虞是虞舜支庶封邑的地方，虞舜后裔宗亲慕名迁徙此地定居，立家庙祭舜。如上虞区上浦镇大善（古名善溪）虞氏族人便是一例。据民国二十二年（1933）重修《善溪虞氏宗谱》记载，宋高宗建炎时（1127—1130），在开封府任职的虞益退休后定居此村，立庙祭舜，添置祭田、祭山，资助虞氏族人祭舜祖。每年正月初一，各处虞氏族人赶赴家庙拜祭舜帝和祖先。本村虞氏族人事先准备大量馒头，祭祖族人每人领取两个馒头，共有半斤重。大家因此称祭田、祭山为馒头田、馒头山。正月初二，虞氏族人会在族长的带领下，按房头前往附近握登山上的舜母庙祭拜吃斋。至于善溪虞氏家庙何时塌毁、何时绝祀，如今已无法考证。

最早有明确记载的社区立庙祭舜事件发生在唐朝长庆元年（821）。当时上虞百官八社民众感怀舜德，在上街堰头附近（现百官上街粮站）古舜祠原址上集资重建舜帝庙，八社共同祭祀舜帝。

乾隆三十年（1765），上虞知县陈瑞之撰写重修舜庙碑文，详细叙述了明清时期舜王庙的资金来源："庙之祀何资？则以临江有坝，一日之内，商贾如云。凡货物之担运曰落河，负戴之承送曰短肩，舟楫之接济曰岸渡，合是三者，以其力之所入给以值，而

南宋时列入会稽三大舜庙之一的历山舜王庙（辑自《万历会稽县志》卷六《祠庙·余姚县》）

存其羡余归之公。里内有八社，案年递司其事，而即以其盈者为春秋灯祭祀报之需。"

此外，绍兴市郊南宋陵区（今宋六陵所在地）曾建舜王庙祭舜，《万历会稽县志》还绘制了舜庙示意图。但之后史志没有记载，民间无从打听。何时因何建庙，何时因何废庙，如何祭祀，无从知晓。

民间记忆中，绍兴南部会稽山区最早立庙祭祀舜王的是尧廓附近的陈侯山麓（陈侯山自然村），当地陈姓皆自称为舜王后裔。为了纪念尧舜，尧廓村所在地立尧王庙祭尧，相邻的陈侯山村陈

氏立舜王庙祭舜。相传，某年因洪水冲击，舜王庙泥沙淤积，陈
侯山村陈氏无力清理，上冯村冯氏以供奉冯氏祖先牌位为条件，
出力清理并划赠几亩田作为舜王庙庙产，车头、冢斜、大桥三村
也如此效法。此后，陈侯山的舜王庙祭祀活动便由五村共同承担。
如今陈侯山舜王庙遗址仍在，但建于何时无从考证，据陈侯山村
民徐阿贵（1925 年出生，小学文化）回忆，其外婆年轻时——即
清末民初——此庙香火还很旺盛。

　　绍兴南部会稽山区的舜王信仰香火袅袅，不绝如缕，但史志
中的具体记录却寥寥无几，如今的人们只能通过史料中的只言片
语，或者通过那些生于 20 世纪上半叶的老人的口述，想象当年
盛况。

　　每逢农历九月廿七舜的生日，以双江溪舜王庙为中心，周边
百村数以万计的善男信女，扶老携幼，朝拜舜帝，祈福禳灾。庙
内香烟缭绕，锣鼓喧天，人山人海。主要仪式包括朝山进香和菩
萨巡会。农历九月廿二至廿五，上万信众抬着舜王在会稽山区巡
游，翻山越岭，从双江溪舜王庙出发，穿过绍兴南部的部分村落，
途经诸暨枫桥一带，再到嵊县（今嵊州市）北部山地以及上虞汤
浦西部。农历九月廿六至廿八，双江溪舜王庙举办祭舜大典、社
戏娱神等祭舜仪式。庙会期间，双江溪两岸到处都是临时摊贩，
日常用品一应俱全，会货表演精彩纷呈。舜王分身庙和亲属庙也

1926年左右日本摄影师樱井一郎镜头下热闹非凡的双江溪舜王庙会（绍兴市柯桥区非物质文化遗产保护中心提供）

会演社戏、拜忏和诵经，祭舜祈福。各村都会自发地参加庙会，远在杭州、上海等地的外出游子也纷纷回家参会。巡会沿途供筵不断，各村热情接待巡会队伍，舜王"入驻"的村庙会献上五牲福礼，还会通宵演社戏。

舜王庙会一直在民间存续，1958年后以物资交流会的形式存在。2000年，王坛镇政府在庙会期间举办了"舜越文化节"，并以"舜王庙·舜越文化·旅游"为主题举行了研讨会，以一种新的形式对这一民俗文化加以利用。在停滞几年以后，随着非物质文化遗产保护活动的不断深入，2005年，由王坛镇政府主导的"绍兴

舜越文化旅游节开幕式暨祭舜王庙典礼",来宾中不但有绍兴县政府的官员,还有国家旅游局的官员,成为第一次由官方主持的舜王祭祀典礼。"民办"转化为"官办",由乡贤伦理教化本位转化为经济功能本位,而民众则由参与者转化成为观赏者。对当地百姓来说,"这是政府办的一次活动,最大的实惠就是可以免费看戏,有时候也可以买到点便宜的商品"[1]。以此为契机,2007年6月,"绍兴舜王庙会"被列入第二批浙江省非物质文化遗产名录。

21世纪初,调研绍兴虞舜庙会的俞日霞先生有感于公祭仪式的千篇一律,遂联络会稽山区各庙宇主事,以期恢复1949年以前民间祭祀盛况。2007年,在湖墩舜王庙主事董友忠等人的协助下,舜王巡会得以正式恢复。最初几年,王坛镇政府在王坛舜王庙举行公祭仪式,而民间的舜王巡会队伍则只经过舜王庙,不进入参加公祭大典。2010年,绍兴市虞舜文化研究会成立,全面承担起了舜王庙会的记录、建档、传承、研究、宣传等方面工作,成为传承基地。传统祭祀、巡会和庙市形式已基本恢复,参加庙会人数逐年提升。

随着时代变迁,各个村落发展程度不一,舜王庙宇群在舜王庙会中发挥的作用和地位也发生着变化。20世纪50年代前,舜王巡会途经嵊州的最后一站是谷来镇马溪村紫岩寺,然而在21世纪

[1] 袁瑾:《地域民间信仰与乡民艺术》,中国社会科学出版社,2017年。

初，舜王巡会复兴，巡会的队伍只从马溪村村口经过，不再入庙举行祭祀仪式了。究其原因，有两方面：一是紫岩寺从山脚迁往半山腰，这给巡会的队伍带来交通上的不便；更重要的是，马溪村紫岩寺已无力承办大型的迎神活动。这种现象并不是孤例，巡会路线上浦镇、枫桥镇一带都渐渐淡出了祭祀圈。

如今活跃于舜王祭祀圈内且具有一定规模的庙宇主要有王坛镇湖墩舜王庙、谷来镇吴山舜王庙，巡会队伍以湖墩舜王庙和吴山舜王庙为核心，分别在绍兴王坛、嵊州谷来形成两个圈形路线。

有学者将庙宇、宗教、娱乐和商贸看作庙会的四个主要构成要素，并根据这四种要素在其中的重要程度，将庙会划分为完全型庙会、宗教主导型庙会、娱乐主导型庙会和商贸主导型庙会。以此对照，会稽山区的舜王庙会在古代就已经完成了由宗教祭祀典仪到完全型庙会的转变发展。

随着舜王庙周边环境整治与配套场地建设不断推进，庙会活动空间进一步得到扩展。在保留传统文化项目的基础上，虞舜文化研究会正在努力融合创新元素，通过将优秀的虞舜传统文化与时代相结合，更好地激活"绍兴舜王庙会"品牌，传承虞舜精神、弘扬虞舜文化，助推乡村振兴。

二、舜王庙——舜的祭祀空间

庙宇是信仰的依托，建庙宣示着该地区民众对信仰资源的占有和控制。据俞日霞等学者走访调查，在绍兴南部会稽山区，除了总庙双江溪舜王庙之外，至少还有三十一座舜王分身庙、神迹庙和亲属庙。这些庙宇通过周期性的仪式活动相互联系，共同划定了会稽山区舜信仰的基本地域边界，同时也共同构成了舜王庙会的神圣空间。

二、舜王庙——舜的祭祀空间

　　双江溪舜王庙是会稽山区舜王祭祀的中心，被尊为"主庙"。围绕着它，会稽山区还分布着不少村落级的下位庙宇，一村一庙或几村联合建一庙，供奉舜王和他的亲属神灵。主庙与下位庙之间主要通过祭祀活动相互联系。会稽山区由此形成了以王坛镇舜王山上的双江溪舜王庙为总庙，以周边供奉大舜分身或者亲属神等的村庙为下位庙宇的舜信仰庙宇群。这些庙宇通过周期性的仪式活动相互联系，共同划定了会稽山区舜信仰的基本地域边界，同时也共同构成了舜王庙会的神圣空间。

[壹] 双江溪舜王庙

　　清乾隆《会稽府志》载会稽府舜王庙有三，一在太平乡（即今王坛镇）舜山之阳，一在余姚历山，一在上虞百官市。如今上虞舜帝庙、余姚历山古庙已不复存在，只余王坛镇舜王山上的舜王庙。此庙成为会稽山区舜王信仰之总庙，辐射周边百余个村落，当地人称"双江溪舜王庙"。相传上古时候，舜王沿小舜江而下，视察民情，海螺开道，乌龟为其坐骑。王坛祭天时，海螺与乌龟外出游玩，到了双江溪畔，见南溪北溪相汇，北有大祁山，西有玉尺山，东南开阔，慕其秀丽，便主动留在此地。久而久之，海螺、乌龟化山两座。海螺山在乌龟山之南，因其形似老鼠，又名老鼠山；因在湖头村旁，又名湖头山。双江溪舜王庙最早在湖头山，后在乌龟山重建，因此乌龟山又称舜王山。海螺、乌龟两山之间有一潭，因其形如萝卜，俗称萝卜潭，因舜王庙建于此，又称舜王潭［据于节墨老人（1922年出生，小学文化，俞家自然村人）口述改］。

据上虞师山《会稽钟氏宗谱》载，宋仁宗庆历年间（1041—1048），钟世荣担任会稽学正时，迁居太平乡（今王坛镇），重修舜帝庙。这也印证了宋代王坛舜庙是在政府资助和监督下重修的。

现存的双江溪舜王庙重建于清咸丰年间（1851—1861）。后殿东墙嵌有石碑："国朝咸丰年间监生显廷筹捐重建，精工绝伦。同治元年，正殿后殿毁，显廷集资重建。"同治九年（1870）县志也刊刻了相似的内容："舜王庙在县北七十里，东土乡五十六都，舜皇山之盘，前瞰长江，后临旷野，远山四围，烟村掩映，澳山绝胜处也。神最灵异。国朝咸丰年间，监生孙显廷筹捐重建，精工绝伦……"双江溪舜王庙因其"精工绝伦"，且"神最灵异"，渐成会稽山区舜王信仰之总庙。

"文化大革命"期间，此庙成为两溪中学校舍、食堂，当时的两溪中学校长郭汉文为了保护庙宇，用黄泥掩盖了庙宇中原本精美的砖石木雕。1986年，绍兴县文物保护部门从两溪中学手中收

回舜王庙，并投入 30 余万元，着手修缮。整个工程历时 3 年，于 1988 年年底竣工，次年初对外开放。

如今的双江溪舜王庙，大体保留了原有风貌。庙宇坐北朝南，分为三进，第一进为山门、戏台；第二进为正殿；第三进为后殿。以山门、戏台、正殿为中轴线，东西两侧设看楼、配殿、外厢房。整座庙宇，从大门到后殿，从侧厢到戏台，凡是能装饰的地方，都使用了雕刻工艺，而且雕刻的题材非常广泛。一石、一木、一砖、一瓦，无不表现出清代建筑雕刻装饰技艺的精湛，犹如一座雕刻艺术博物馆。砖雕、木雕和石雕并称"三绝"，堪称清代江南庙宇建筑的典范。正殿明间龙凤柱在江南地区难得一见，圆雕、浮雕、透雕技艺堪称一绝。镇庙之宝镶嵌在不起眼的大殿东、西

双江溪舜王庙航拍照（陶月庆摄）

堞头墙内壁——这幅石刻的《西湖十景图》，将14处西湖名胜古迹浓缩在3平方米的"画卷"中。

20世纪末，正殿两侧四大臣立像改为八大臣坐像，并塑舜王端坐中央。后殿舜王像原为樟木雕成的坐像，面呈五彩，头戴平天冠，足蹬朝靴，身穿蟒袍，手足可活动，衣帽鞋可脱换，也在此时被改为仿青铜像，还增塑了娥皇和女英两妃神像。东西配殿百子堂改为财神殿和观音殿，庙前惜字亭改为弥勒殿。

2013年5月，此庙以"绍兴舜王庙"之名被列为第七批全国重点文物保护单位。

双江溪舜王庙前门（俞婉君摄）

双江溪舜王庙山门（王荞吾摄）

双江溪舜王庙戏台（王荞吾摄）

[贰] 下位舜庙及其传说

民众视舜为祖先，对舜有了更亲密的感情，绍兴南部会稽山区虞舜信仰经久不衰，神灵栖居之地广泛修建。

20世纪90年代以来，俞日霞等学者经走访调查，发现除了舜王山上的双江溪舜王庙，至少还有31座下位舜庙。

绍兴南部会稽山区舜王庙一览表

序号	寺庙名称	建庙时间
001	柯桥区王坛镇双江溪舜王庙（又称大舜庙）	南宋已有记载
002	柯桥区王坛镇湖墩舜王庙（又称大舜庙）	传说清建
003	柯桥区王坛镇孙岙岭北风车庙（又称大舜庙）	传说清建
004	柯桥区王坛镇孙岙村水口庙（又称大舜庙）	传说民国建
005	柯桥区王坛镇韩家岙村土地庙大舜殿	传说民国建
006	柯桥区王坛镇蒋相村下坑舜王庙	传说民国建
007	柯桥区王坛镇湖头山大舜庙	传说先于双江溪舜王庙，早已毁
008	柯桥区稽东镇陈侯山大舜庙	传说明建，只留遗址
009	柯桥区王坛镇塘里大舜庙	传说清建，已被小舜江水库淹没
010	柯桥区王坛镇藤岙村象马庙（塑舜之弟象神像）	起源不明，仍在
011	柯桥区王坛镇东村白鹤庙（塑舜之娘舅白鹤大帝神像）	民国建，仍在
012	柯桥区王坛镇南子口严朱庙舜母娘娘殿	清建，仍在
013	柯桥区王坛镇越联村沈家塔自然村轩辕庙（祀舜之祖先）	起源不明，仍在

续表

014	柯桥区王坛镇上王村祠谷庙(供奉舜帝)	传说清建,仍在
015	柯桥区王坛镇磊仕岭秀叶庵(供奉舜帝)	传说清建,仍在
016	柯桥区稽东镇蒋村下坑大舜庙	传说民国建,仍在
017	柯桥区稽东镇车头冢斜村永兴庙(祀舜之娘舅永兴菩萨)	传说民国建,仍在
018	柯桥区稽东镇尧郭村尧王庙(祀舜之岳父)	起源不明,已废
019	柯桥区稽东镇谢村下庙(供奉舜帝)	起源不明,仍在
020	柯桥区稽东镇南山村舜皇庙	起源不明,仍在
021	柯桥区平水镇王化村大舜庙	传说清建,仍在
022	嵊州谷来镇马溪村紫岩寺(供奉舜帝)	传说清建,仍在
023	嵊州谷来镇护国岭村白洋湖舜王庙	传说清初建,仍在
024	嵊州谷来镇田良吴山舜王庙	庙碑记载始建于太平天国时期,原名泗州堂,仍在
025	嵊州谷来镇一村水见湾舜王庙	传说民国建
026	嵊州谷来镇举头坑龙舜庙	传说光绪建
027	嵊州谷来镇三仙庙三帝殿(供奉舜帝)	起源不明,三帝殿舜帝为近年建
028	嵊州仙岩镇舜皇村舜王庙	宋代《剡录》记载,"文革"间毁
029	嵊州谷来镇马村山墩永兴庙(祀舜王之娘舅)	清光绪建
030	嵊州仙岩镇崝大山东麓村舜皇庙	不明
031	上虞区胜江乡庙下大舜庙	相传清建,已被小舜江水库淹没
032	上虞区上浦镇东山村甲杖自然村握登圣母祠和祥虹阁	《嘉泰会稽志》卷六《祠庙·上虞县》记载,1956年台风毁

关于这些村庙的起源来历，少有明文记载，以相关的传说及所奉神灵来区分，大致可以分为三类，即分身庙、神迹庙和亲属庙。

分身庙，即祭奉主神的分身神灵的庙宇。至于神灵如何分身，只能从当地传说中寻到一些蛛丝马迹。有一则"抢菩萨"的故事，说的就是分别位于柯桥湖墩村、塘里村以及诸暨枫桥村的三座舜王庙分身庙的由来。清咸丰年间，监生孙显廷首倡并主持了双江溪舜王庙的重建，他所在的孙岙村就成了当时舜王庙会的头社。每次舜王菩萨出巡，须等头社到了方可"起马"。有一年头社迟到，眼见良辰已到，司仪决定让舜王菩萨"起马"。舜王被抬到山门时，头社人众到了，觉得很受侮辱，引发争执乃至大闹。传说湖墩有所谓"十八胡子"，就是十八个天生神力的兄弟，在打斗中抢下了舜王菩萨的头，带回村子自己造了一个舜王庙，即湖墩舜王庙。湖墩舜王庙不大，由山门、左右厢房和大殿组成一个封闭的方形格局。进入山门后就是大殿，大殿只有一进，没有戏台，但是可以临时搭台，2019年，村民董宝鸿出资100万元修建戏台。附近的塘里村抢到了舜王菩萨的双手，回去也盖了一座舜王庙。诸暨枫桥人又把大庙里舜王神像正身的内脏给抢走了，回去也建了一座庙供奉起来。舜王菩萨的剩余身体则留在了主庙里。在村民的信仰观念里，舜王菩萨的塑像蕴含着神灵本身的神秘力量，抢到

其中的任何一个部分，就等于抢到了该神灵的一部分力量，可以获得灵验的保障。

湖墩舜王庙里至今还保存着新中国成立初雕刻的舜王菩萨像，香樟木雕成，四肢可以活动。据说"文化大革命"时藏在一位老太太家中。也有一种说法是舜王像的头、躯干、四肢分别保存在不同人家，20世纪90年代重修庙宇的时候，村民捐献出来，供人参拜。

神迹庙，主要是依据传说中舜在会稽山区活动所留下的遗迹而建起的庙宇。当地流传着数量庞大的舜王传说，形成了一个从出生、接受考验、成为帝王，到最后归葬的完整故事框架，舜王所到之处都留有遗迹。这些地方的民众往往感其恩德，修建舜庙，加以供奉。比如上虞区上浦镇冯浦村原有一座"渔浦庙"，当地传

王坛镇湖墩舜王庙（绍兴市虞舜文化研究会供图）

说即为舜捕鱼处；嵊州市与柯桥区交界处的谷来镇建有多座舜王庙，相传此处为当年舜耕象田、天降稻谷地。

在信仰的传播中，民众常常截取传说的片段，不断添加细节，使情节越来越复杂和离奇。会稽山区民众有一种说法：先有稽东镇陈侯山村舜王庙，之后才有王坛镇湖头山舜王庙和舜王山上的双江溪舜王庙。陈侯山村舜王庙背靠陈侯山，面临小舜江。庙前有一丛柏树，风景秀丽。年复一年，柏树长成了参天大树，可以作为上好的木材使用了。有一天，有人提出这些柏树既已成材，应该砍掉。有人则以为这样会影响风水，反对砍柏树。陈姓族长左右为难，决定求神决定。他召集族中元老，在舜王菩萨前卜卦，圣玟板三次竖立，卦意舜王不愿意回答。陈族长很生气，把圣玟板丢入庙前的小舜江。圣玟板顺流而下，漂到王坛镇湖头山下舜王潭，被一砍柴人当作柴火置于身后竹篓。砍柴人是湖头村人，姓孙。他回家途经湖头山，忽听背后有"我要在这里住下来"的声音；回头一看，不见人影；继续往前走时，又听到背后有"我要在这里住"的声音。如此几次三番，砍柴人终于发现声音来自背上的竹篓，打开竹篓，看到里面有两尊神像，一为坐像，一为立像，神像头戴平天冠，身穿蟒袍，足蹬朝靴，栩栩如生。砍柴人大惊，回村向大家一说，有人认出这是陈侯山舜王大帝神像。于是，附近村民捐钱在湖头山上修造了大舜庙（后失火被毁，重

建时移至舜王山）。陈侯山舜王庙在清末民初仍有香火，据村民说，双江溪舜王庙香火鼎盛后此庙才败落。

此外还有越联村轩辕庙。传说舜为轩辕帝之后，王坛镇越联村建有轩辕庙，并流传着"金简玉字书"的传说：当年大禹在当地治水，从山腰一块巨石中得到了轩辕帝留下的金简玉字书，从而能够熟悉山川河流，最终平息滔天洪水。治水完成后，大禹又将此书放回巨石中，仅留一条缝隙。后来，当地民众就在这里建起了轩辕庙，并将之纳入舜王信仰圈内，派"孝感动天"旗会参加巡会。

亲属庙，主要供奉主神的亲属神灵。会稽山区目前尚存十余座舜的亲属神庙。舜的亲属神灵主要有舜母娘娘、岳父尧、娘舅永兴菩萨、妹夫桑王菩萨等。旧时，舜母殿建在上虞上浦镇虹漾村。当地传说，舜就是在这里出生的。他的母亲名叫握登，一天夜里，她梦见自己彩虹缠身，醒来时就有了身孕。怀胎十四个月生下了舜。舜出生的时候，村头彩虹漫天，于是这个村子得名"虹漾村"，并建起了舜母殿。当地的虞源堂老人在 12 岁那年跟随族长到舜母殿祭拜，之后没几年，因台风、战乱等原因，舜母殿倒塌，未能再修缮重建，这一次拜祭成为老人生命中唯一一次拜祭舜母殿的经历，铭记至今。

谷来镇吴山舜王庙全景（绍兴市虞舜文化研究会供图）

王坛镇越联村轩辕庙（绍兴市虞舜文化研究会供图）

三、舜王庙会的会社组织

「会」与「社」是人与人联结、组织的两种不同方式。相比之下，「社」更强调地域性，是一种强调地缘关系的社会组织，「会」则更强调目的性，是按一定目的组织起来的群体性组织。到了现代，作为旧文化、旧思想的民间信仰迅速退潮，「社」与「会」这类组织逐渐消失，但新的民间团体也在不断涌现，接续着舜王庙会的文化传承。

三、舜王庙会的会社组织

　　"社"字，从土，从示，土之神主，来源于华夏上古先民的祭土仪式，进一步可以引申为同在一片土地上生活的人群。"会"者，合也，从人，从曾省，三合而增之。人与人相合，就像罐子和盖子那样相配，志趣相投。而会，则是一群人的相合。舜王庙会中，"会"与"社"是人与人联结、组织的两种不同方式。相比之下，"社"更强调地域性，是一种强调地缘关系的社会组织；"会"则更强调目的性，是按一定目的组织起来的群体性组织。两者皆因庙而设，与宗族血缘有着密切的关系，但又不局限于此。具体而言，"社"与"会"除了组织逻辑不同，其各自功能、运行方式也十分不同。一般而言，"社"是掌管庙会事务的常设机构，主要负责庙会的组织工作，如商定日期、路线及筹集物资等。但在有些情况下，"社"承担着更为日常和基本的责任。清乾隆年间（1736—1795），上虞知县陈瑞之就在《修舜庙碑》的碑文中，记载了这样一桩事情：轮流值守组织舜王庙会的"里内八社"，因为"庙貌倾圮，欲修饰之而经费维艰"，于是共同商议，将庙会暂停了八年，以积攒修葺舜帝庙所需资金。"以公济公，力不烦而事易举……窃幸其法之能立也，于是乎书。"这种方法避免了劳民伤财，且效果显著。这位陈县令感慨之下，将之记录在了碑文之中，以供后世参照。相比之下，"会"的组织和运转就松散得多了，除了庙会中的表演工作外，并不承担庙会的日常事务，只在庙会筹备、举办的过程中，周期性地进行组织活动。

会社活动，围绕中心庙宇渐次向外延伸，离中心点越近的区域，会社分布越密集，规模及影响力越大，并会形成一种庙宇间的"上位—下位"关系和信众间的"主—客"关系，体现出民间信仰祭祀圈鲜明的层次性、边界性。

[壹] 舜王庙会的社

社，是以地缘为主要标志而形成的信仰群体，打破了村和宗族的界限，相邻几村为一社，凡信仰相同的群众都可以入社。先秦古谚："无乡之社，易为黍肉。无国之稷，易为求福。"社神与谷神，乡土与国家，就这样刻入了华夏子孙的文化基因。上古先民们通过祭祀一地之土地，凝聚在一起，构成了古代中国最基本的社会组织。《礼记·祭法》载："王为群姓立社曰大社，王自为立社曰王社；诸侯为百姓立社曰国社，诸侯自为立社曰侯社；大夫以下成群立社曰置社。"又有民社，"百姓二十五家为里，里各立社"，因此又称"里社"。就这样，通过共同的对土地的信仰，古代中国人完成了最基本的自上而下的社会组织工作。各级社的组

织，不仅需要承担祭祀任务，同时也承担着部分的社会管理职责。

北宋僧人赞宁就在其《僧史略》中指出："社之法，以众轻成一重，济事成功，莫近于社。"从两晋南北朝的佛教结社"莲社""净住社"起，到宋代活跃于各地的各种民间结社，其基本功能，都是在里甲、家族等组织体系之外，形成民间自治的互助体系，合众为一，量力负担义务，结成精神、物质方面的联系，共同参与一定的社会事务，尤其体现在信仰祭祀方面。到了明清时代，国家组织更为细密，同时兼有组织生产、安全保卫等功能的里甲，成了乡村管理的基本组织单位之后，以祭祀、信仰为主要功能的社，不仅没有被完全取代，而且在很长一段时间里，与里甲并行设置，承担不同的社会功能。

舜王信仰中的社的组织，与传统的社，有所承续，又有不同。相比古代文献，如《武林旧事》《东京梦华录》中记载的文人结社、武人结社与艺人结社，舜王庙会的社是依托舜王庙宇，以舜王信仰为纽带而形成的松散的社会群体。在舜王信仰圈中的社，大小不一，具体组织亦有不同。有一村一社者，亦有多个村落联合共建一社者。在会稽南部山区，宗族传统植根深重，自然村落往往以血缘为纽带，聚族而居，共同开发，因此形成了同姓一村，或者一村中以某个大姓占绝对优势的分布格局。如稽东镇的童家岭村李氏、杨宅村杨氏，王坛的坎上董氏、肇湖张氏、上王村王氏等。这些村落宗族势力较强，一般可以单独建社，或者成为核心村落，吸引附近的一些小村落依附，共同结社。

从历史上来看，当地士绅阶层是维系、推动舜王信仰的主要力量。双江溪舜王庙后殿东侧墙上有一块石碑，记载了这样一段史实：

> 有《县志》一篇：大舜庙在县北七十里，东土乡五十六都，舜皇山之盘，前瞰长江，后临旷野，远山四围，烟村掩映，澳山绝胜处也。神最灵异。国朝咸丰年间，监生孙显廷筹捐重建，精工绝伦。同治元年正殿、后殿寇毁，显廷集资建复，并奉宪：舜皇潭永远谕禁不许捕鱼。兹有土名湖头沙涂一所，竹木成林，日后以作舜庙修理增益之费。
>
> 翰林院蔡以希敬撰
>
> 同治九年
>
> 耆绅公刊

历史上王坛曾经属于嵊县（今嵊州市），今天与王坛毗邻的谷来、马溪村还属于嵊州市，"县北"指的就是嵊县（今嵊州市）北面。这里提到舜王庙于咸丰年间重建，同治年间经过一次重修，两次都由监生孙显廷等发起筹措。据老人回忆，孙显廷还召集一百多名秀才写作了一本舜王庙签诗，多用圣人典故劝人为善，颇具文采。

双江溪舜王庙碑刻（俞日霞摄）

　　无论是一村为社，还是共同结社，社一般设有社首，担负起管理及动员社员的领导工作。社首一般由当地群众推举产生，而非政令指定，和坊正、里正、乡长等官员完全不同。但由于社首肩负着筹集资金、组织巡会等对能力、声望要求都比较高的工作，因此往往会由有着一定社会地位、经济能力和号召力的地方官员、地主乡绅担任。如在民国时期，担任各社社首的，既有孙岙乡、王坛乡、升南乡的乡长（孙岙社、王坛社、东村社），也有绍兴县的副县长于宝墨（双江溪社），更有寺前社社首孙居仁这样的大地主，身份各不相同。

　　由于各社的规模大小、组织能力各有不同，社的总数并不固定，组织范围也因时因事而改。一般而言，以总庙双江溪舜王庙为核心，以各个分身庙、下位庙宇为辐辏，向整个会稽南部山区延伸，离中心越近的百姓，对于舜王的认同感更高，参与度也更高，相比之下，嵊州、上虞等地的组织则更为松散。当清末舜王信仰达到鼎盛之时，社的数量也达到顶峰，为三十六社（一说三十二社，具体数字已不可考），社的组织、影响范围也极广，东至绍兴县（今柯桥区）王化、宋家店，上虞县（今上虞区）官杨、庙下一带，西至诸暨枫桥，南及嵊州的谷来、马溪一带。时过不久，到了民国初年，由于战火不断、经济萧条，不仅社的总数缩减为十三社，影响范围也相应缩小，东至绍兴县（今柯桥区）王坛镇的登岸、石坛，西至绍兴县（今柯桥区）稽东镇童家岭，北至绍兴县（今柯桥区）王坛镇的东山、下陈、沈家塔，南至嵊县（今嵊州市）的谷来、马溪，影响力也远不如前。由此构建出一个完整的活态的舜王信仰圈。

　　所谓信仰圈，指的是"某一区域范围内，以某一神明及其分身之信仰为重的信徒之志愿性的宗教组织"。而深入信仰圈的内部，我们又可以发现，构成信仰圈的成员之间，同样有等级之差。相对而言，在各种信仰事务中，按承担责任的轻重、付出的多少，在各社之间也会排出先后座次。譬如《修舜庙碑》中记载的轮流值守组织舜王庙会的"里内八社"，其地位显然就高于同时期的其他民社。而到了咸丰年间，举人孙显廷号召重修舜王庙、恢复庙会之后，其所属的孙岙社也因此地位提升，成了三十六社中的第一社。

社的排序与座次，不仅事关信仰圈内部的声望，也意味着该社在舜王庙会中的话语权和信仰资源的支配权。因此，围绕第一社或云"头社"的头衔的归属，亦发生了不少事件。据传有一次因为第一社孙峎社迟到，耽误了舜王出巡，引起了众社的不满，发生争执乃至相互抢夺舜王像。因此，为了避免纠纷，除了以贡献大小排名之外，亦有决定各社座次的抽签仪式——众社在舜王面前依次抽签决定座次，信仰圈内部的排名由此被赋予"神判"的色彩。譬如传说民国时的另一个头社上王社，即以这种方式获得了头社的尊荣。相传，上王村人是王羲之的后裔，书圣王羲之曾经留给他们一块匾额，上书"董静永奠"。这块匾额本来是要献给玉皇大帝的，但是舜王庙重修后，上王村人把它献给了舜王大帝，因此，在抽签时，舜王大帝就保佑他们抽到了第一社。

至于在那一时期内的头社，究竟是孙峎社还是上王社，由于年代久远，已然无法具体考证。当地的老人们至今能够回忆起的是 20 世纪三四十年代，即中华人民共和国成立前夕社的排序，但也比较散乱。据老人回忆，当时王城为第一社，双溪为第四社，孙峎为第五社，马溪为第七社，童家岭为第九社，喻宅为第十一社，王坛为第十二社，蒋村为第十三社。

[贰] 舜王庙会的会

与社相似，作为民间组织的"会"，亦有漫长的历史，并承担着跟社相似的民间组织及互助功能。"会"的出现，最早与佛教在中国的传播有关。唐代高僧释道宣《续高僧传》卷六《释法贞传略》载云："（释法贞）与僧建齐名。时人目建为文句无前，目贞为入微独步。贞乃与建为义会之友。道俗斯附，听众千人。"当是时，这些以从事佛教活动为目的的民间团体，被称作"义会"，同时有"邑会""邑"等别称。除了固定的仪式活动之外，民间义会还常常合力建寺造像、设斋建塔，乃至造石室、造石经、建义井、栽树等。由是，佛教义会借助共同的宗教信仰，逐渐脱出地域的限制，成为某一更大地域范围内的民间组织。这些义会大小不一，小则只有三四人，大则可以有上百甚至上千人。会员的身份也颇为多样，既有出家的僧尼，也有在家修行的居士，既有地方官吏，也有普通百姓。到了宋朝，由于部分义会的规模不断壮大，甚至出现了"并社入会"的趋势。

南宋淳祐年间（1241—1252），如今江苏昆山的地方山志《淳祐玉峰山志》载云，每年四月望日，"山神诞，县迎神，设佛老，教以祈岁事，并社为会，以送神"。当地的佛教义会规模竟然如此之大，佛教信仰亦如此普遍，将多个地方私社并作超越地域空间的义会，以承担原本由民间私社承担的地方春秋祭祀的工作。相比之下，舜王庙会中的会的组织，与历史上的这些佛教义会有相似之处，又有明显的不同。相似之处在于，舜王庙会的会，其组

织亦是超越地域，按照一定的目的而组织起来的。这一点，从社与会不同的命名原则即可见出。上文所列举的社，一般直接以地名作为社名，如王坛社、双江溪社、孙㟞社等。会则根据不同的功能、不同的目的组织起来，并由此命名，譬如舞龙的即为"龙会"，舞狮的即为"狮会"，充当校尉的则为"校会"，等等，与庙会活动中所承担的功能一一对应。

与传统义会不同的，则是舜王庙会的会对于民间私社有一定程度的隶属关系。平时，社与会之间并没有直接的联系，只是在地域上，与所在村落发生对应的关系，同在一社的会与会之间，如果发生矛盾，一般由社头出面，调解矛盾，解决问题，社与会并没有隶属关系。只有在舜王巡会期间，两者才有上下级关系，会必须服从社的管理。社与下属会一般按照所在村落发生对应关系。社首的个人威望比较大，会与会之间发生矛盾，一般都由他出面解决。每一个会的内部有"会首"，负责管理、召集会员参与舜王庙会，参与的形式一般是具有艺能性质的表演，又称为"会货表演"。所谓艺能，是日本民俗学家折口信夫在民俗研究中提出的专有名词，指的是在节日和民间风俗活动中祭神、敬神以及驱鬼时表演的歌舞活动，这些活动并非单纯的祭祀活动，又不同于民间游戏，而呈现为一种混合了信仰与娱乐的中间状态。因此，在会货表演中，既有一般认知中比较接近娱乐的舞龙舞狮、舞蹈杂技，也有黑白无常、八仙贺寿等具有强烈民间信仰色彩的表演。

为了举行会货表演，采买表演所需的材料、服装，维持会员们的训练，等等，舜王庙会的会一般拥有会产，会产大部分都是会田或者会山。据俞日霞先生考证，20世纪50年代，车头村铳会、敲嘭会、旗会各有会田一亩，校会有会田一亩一分。坎上村执事会有会田三亩，双溪村校会有会山，南岸村三个会共有会田一百多亩，稽东镇的止路坞村铳会有会山。这些会产有的是祖辈留下的，有的则是入会农户集资共同购买的。若是本村没有组会，村民则可以根据个人意愿到别村的会入股。会产由入会会员轮流耕作，轮到的那户称为"当值"，个别会还有规定，当值者在正月初请全体会员吃饭，如坎上村执事会。会员们酒足饭饱之后，边品茶边讨论当年会务，例如要添置什么，何时训练，要不要请师傅，等等。[1]

会员除了入股与当值的义务之外，在舜王庙会期间，还需按股派人参加迎会，若派不出人，则需各户自己找人。可见，乡民入股之后，不仅需要出资，也需出工出力。因此，入会的人数、会的分布密度，与村落本身的经济实力有关，也与舜王信仰的强度紧密相关。正与上文所谈及的社在舜王信仰圈中心、边缘的分

[1] 俞日霞：《绍兴虞舜文化研究》，浙江人民出版社，2006年，第114—165页；袁瑾：《地域民间信仰与乡民艺术》，中国社会科学出版社，2017年，第100—116页。

布类同，会的分布也以双江溪舜王庙为中心，越接近中心，会的数量越多，参会人数也更多。此外，相应的会货表演的质量也会因为参与人数与投入的增加而更高一些。据《舜王庙会的会统计表》记载，处于舜王信仰圈中心的王坛镇、稽东镇，会的数量也更多。王坛镇的 33 个村落、稽东镇的 26 个村落中，同时拥有两个以上会的就有 27 个，其中 3 个村落甚至同时拥有 5 个会。相比之下，离中心最远的上虞、嵊州地区，不仅参与舜王庙会的村落较少，而且多为数个村落共有一个会。

除分布情况以外，这样的统计还透露出有关会社组织的更多细节。据统计，在 20 世纪 50 年代，舜王庙会一共拥有 119 个会，具体可细分为 28 类，包括了音乐、舞蹈、杂技、武术、戏剧等多种民间艺术形式。其中，铳会 22 个，龙会 16 个，旗会 15 个，校会 12 个，罗汉会 7 个，扁铙会 6 个，敲嘭会 6 个，大炮会 4 个，高跷会 4 个，狮会 3 个，白神会、执事会、拳棒会、十番会、提炉会、三十六行会各 2 个，还有马灯会、大刀会、四沿会、扁锣会、锣叉会、瓶会、碗会、茶会、鼓会、回头拜会、高照会、丝弦会、地图会各 1 个。此外，还有抬阁会、大臣会、黄伞会等几个会。这些会的会货表演包括了音乐、舞蹈、杂技、武术、戏剧等多种艺术形式，既传承了传统巡会会货的表演特点，又显示出独特的地域文化特色，形成了一道独特的风景线。

俞日霞先生调研发现，浙东会稽一域的社在清末达到鼎盛，后由于经济衰退，社的数量逐步减少。这一时期有多少会尚无可考数据，但据不完全资料统计显示，在 20 世纪 50 年代初，浙东会稽一域仍有 4 县部分地区 67 村参与了巡会表演组织工作，有一村一会、多村一会，也有一村多会的。

会以活动内容命名，最多的是龙会。在乡民心中，龙能兴云布雨，鸣雷闪电，山区人民最需要的是风调雨顺，因此舞龙之风盛行。由于舞龙需要众人高度配合，故在巡会之前，各个龙会还要专门抽出时间排练。山区多野兽，铳是吓退野兽的重要武器，也用于婚嫁喜事，增加热闹气氛，故铳会在会稽山区也特别多。扁锏是由山区人民防御野兽的武器锏叉演变而来的，扁锏会数量也较多。

舞王庙会的会有的与练身自卫相结合，这一类型的有罗汉会和拳棒会；有戏班性质的会，如十番会、三十六行会、白神会、太平会、游戏会、丝弦会、回头三步一拜会等等，主要上演一些富有生活气息、宣传道德伦理的节目；还有不少既娱神又自娱的带有杂技性质的会，如高跷会、马灯会、狮子会、狮象虎豹会、碗会、瓶会等。此外，还有许多仪仗性质的会，例如执事会和大炮会，其中最多的是旗会，旗帜有数千面之多，出巡时旌旗蔽日，气势非凡。除了每一个会有一个锣鼓外，还有专门的敲嘭会，敲

嘭会有抬锣、大锣、大鼓，敲起来特别热闹，为巡会增加了喜悦气氛。校会是舜帝出巡的卫队，在队伍中威风凛凛地护卫着舜王大帝圣驾。还有提炉会，一对对童男童女穿红戴绿，手执提炉，炉中焚烧檀香，走在舜王大帝圣驾前，香烟缭绕，充满庄重气氛。以上各会，基本上是为舜王出巡服务的，有的会也会在农历九月廿七的庙会时来舜王庙前的沙滩上表演，但不是主流。专门为九月廿七庙会服务的会是茶会，在庙会期间，茶会免费供应茶水，解决了香客和商贩的饮水问题。山区农民赶庙会，都自备干粮，如六谷饼、麦饼之类，因此，只要有水，他们的三餐问题也就解决了。茶会的存在，保证了舜王庙会的顺利进行，其重要性可见一斑。

会与村落并不是严格对应的，会的大小数量和该村的经济实力有着十分密切的关系，可以一村一会，也可以一村几会，甚至几个村子合办一个会。会的组织除了与村落的经济实力有关外，还和庙宇的距离有密切关系。离信仰圈的中心点舜王庙越近，认同感越强，参与的人数就越多，会货的质量就越高。联合办会多出现在上虞、嵊州等地，说明在信仰圈边缘地区的居民参与程度远远及不上中心地区。事实上，巡会中，王坛稽东人常常以主人自居，而将嵊州、上虞、诸暨来的信众称为客人。在当地，社与会都是民众自发组成的，正是在他们相互配合、精心组织之下，舜王庙会才得以顺利开展并且传承下去。

[叁] 社与会的传说与记忆

在明白了舜王庙会中社与会的不同及其联系之后，我们就可以进一步深入探讨社与会在传统社会中的意义与作用。由于缺乏史料记载，我们只能通过口口相传的传说与老人们的口述，才能透过历史的尘埃，一窥社与会的组织与功能。

据俞日霞先生的采风与记录，如今我们所能看见的这份会与社的名单，尤其是 119 家义会，其中最引人注目的即所谓"铳会"的数量，另外武术大类的义会几乎占据了总数的三分之一。在近代以前，这类武术、武器性质的会，除了承担舜王庙会的会货表演之外，在平时，还有保一方平安的民间武装功能。进入现代以后，这类武术、武器结会，要不就是彻底没落，要不就是仅留存表演、仪式性功能。后者比较明显的例子，即各类铳会，铳为旧式火器，原本是农家中较为常见的枪类武器，一方面有狩猎的功能，另一方面也承担着保卫家园的重任；中华人民共和国成立以后，由于国家的枪支管理政策，真正意义上的铳会显然不再有存在的土壤，取而代之的是象征意义上的列队游行。而前者则以童家岭罗汉会最有代表性。

童家岭村位于会稽山的木窝山麓，如今隶属于柯桥区稽东镇高阳行政村。据载，童家岭罗汉会成立于清康熙年间（1662—1722），至今已传承六代。传统的罗汉会既是庙会组织，同时也是

一个训练有素的武术组织，配有专职武师负责日常训练，会中大小"罗汉"各14名，以武术的水平区分，"大罗汉"掌握战斗击技的武术技巧，"小罗汉"则只会翻跟头。因此，在过去的会货表演中，罗汉会的表演既赏心悦目，又具有较高的技术难度。如"麒麟送子"一节，就有两位"大罗汉"扮演麒麟，将"小罗汉"抛出，连抛七位，由其他两位"大罗汉"接住；"黄鱼出洞"一节则有"大罗汉"翻空出场，仰天而卧，双脚向上岔开，其他"小罗汉"空翻至他的脚上或者手上，或站定，或被抛出。这些如今看来颇有些专业杂技色彩的表演项目，在当时却是由经过武术训练的普通乡民呈现的。

大约也是因为这样的独特性与技术难度，童家岭罗汉会在舜王庙会活动中有着举足轻重的地位。首先，每年农历九月廿六日晚上，舜王庙会活动的前一天，舜王像需进行"梳妆仪式"，这一仪式承担者并非当时排名靠前的首社，也并非执事会，而是罗汉会。除此以外，活动期间，罗汉会的会员们除了精彩的会货表演之外，还承担着维持秩序、维护安全的重任，深受参与舜王庙会活动的百姓们的信任与倚重。也因此，罗汉会给当地乡民留下了最深刻的记忆。只是在进入现代以后，老一辈"罗汉"年事渐高，会中收藏的武器也逐渐散失。根据这些老"罗汉"的回忆，可以很清楚地为老师傅们的"本事"列出一张长长的清单：大刀、双刀、双铜、双戟、铜锤、尖叉、短棍、孙膑拐、火流星等等。这些武器不仅是罗汉会的道具，更记录了传统武术在民间的辉煌。如今，这些耄耋老人虽然仍能腾起空翻，但终究不敌岁月，无法承受长途奔波的辛劳。而新一代年轻人纷纷外出打工，技艺后继乏人。只余下一只"老驼"（一种传统冷兵器，形类长棍，棍端两侧有月牙形的尖刺），被铁锈层层包裹。

除了罗汉会之外，过去的武术类义会，大多同样有着可以实战技击的真功夫。譬如杨宅村的拳棒会。传说中，拳棒会的创始人是一位从嵊县（今嵊州市）嫁到杨宅来的女子，人称"石太婆"。两百多年前，杨宅与嵊州的一个村子发生了纠纷，嵊州人前来兴师问罪，走到村口，正好看到石太婆在耍拳棒，吓得掉头就走。从此，石太婆名声大振，收了一帮年轻男女日夜习武，由此创办了杨宅拳棒会。石太婆死后，拳棒会成员又变成了清一色的男子，继续从嵊州请来武艺高强的师傅传授武艺，会员在农闲时进行操练。常见的武术套路有大港拳、小港拳、金雀拳等，另外也有许多武器套路。在会货表演中，拳棒会的表演不仅有单人的武术套路，也有不少双人对打项目，如"拉马拉扁"（双棍对打）、"抗枪"（单枪对打）、"双杆枪对打"、"虎头牌对打"（一手持枪，一手持牌）等等。更有设擂打擂的传统，这显然就是武术类义会之间比武较技的环节。

　　这样的比武较技，除了娱人娱神之外，恐怕也有着更为现实的考量。传说在诸暨市枫桥镇三角道地，过去曾有一家"杨记茶馆"。一日，杨记茶馆来了两位客人，是茶馆老板杨老太太的夫家侄子，老大叫杨何山，老二叫杨何水。何山、何水正喝着茶，突然见人群四散奔逃，高呼着"老虎来了"。原来是本地的恶霸何老虎，带着他的"狗腿子"来收保护费。何山、何水兄弟抄起身边的铁头短柱打跑了手持刀枪的一众护院，吓得何老虎跪地求饶，保证以后再也不到三角道地来寻事。何老虎仓皇逃跑之后，众人询问之下，才知道原来何山、何水兄弟是杨宅村拳棒会的成员。这便是流传在杨宅村的"强龙敢斗地头蛇"传说。故事的真实性已不可考，但其中的见义勇为、保卫民众的意蕴，却可让我们更好地理解类似拳棒会、罗汉会这些武术、武器类义会的现实功能与传统意义。

　　当然，除了这些比较写实、深具世俗意义的传说之外，处于舜王信仰圈中的民间会社更有许多充满神异色彩的传说流传下来。上文提及的湖墩"十八胡子"抢佛头、上王社献匾得首社等，都是流传较广的例子。这里仅围绕义会，补充一例。据说王坛镇坎上村的执事会，之所以远近闻名，与它的创会传说不无关系：明朝时，王坛镇坎上村曾出过一位进士，名叫董元治，官拜江南十三省监察御史。这位董元治从小家境贫寒，读书住在村里的祠堂，没钱买蚊帐，可偏偏就是没有蚊子袭扰他。教书先生很奇怪，就要求与董元治换床睡。睡到一半，梦中有个神人拿着一对铜锤，对先生自陈为"三大王"，受舜王大帝命令，为董元治驱赶蚊虫，要求先生赶紧把床换回来，让董元治安睡。先生惊醒，深感神异，便将董元治受舜王庇佑的消息传了出去。没过多少年，董元治果然考中进士，衣锦还乡，为了感谢舜王大帝的保佑，还将皇帝赐给他的全套执事全部献给了舜王菩萨，并在坎上村建立了执事会，购买会田、学田，资助乡里。

有的传说还直接和舜王的神迹联系在一起，神异的色彩更加浓郁。肇湖百铳会的创会传说中讲，当年肇湖村一带有大毒蛇危害百姓，舜帝上告天庭，派了雷公电母前来镇压。肇湖有个竹老相公拿着铳前来助阵，最后殒命。后人为了纪念他，设庙祭祀并创办了百铳会。

[肆] 社与会的当代传承

当时间进入 20 世纪 50 年代后期，供销合作社替代了村镇之间小规模的行商贸易，供销社之间的物资交流会替代了一年一度的舜王庙会及其庙市。虽然还有民众自发前往舜王庙拜谒，却已是零星的个人行为，当年那种群策群力、共舞共乐的节日情景全然消失了。社与会这类组织自然也随之消失。

（一）绍兴市虞舜文化研究会

2005 年，在绍兴县非物质文化保护中心指导下，王坛镇政府主办了"绍兴舜越文化旅游节开幕式暨祭舜王庙典礼"，由王坛镇副镇长黄金富具体负责筹备工作，参加者有绍兴县的有关领导、特邀来宾、王坛镇各界人士、新闻记者等近 150 人，绍兴县委副书记徐林土亲自主持筹备工作，并到会致贺词。王坛镇政府不失时机地举行了王坛镇经济发展恳谈会、王坛镇休闲观光旅游招商推介会、特色农产品和地方商品展销会。但效果并不是很理想。

到了 2010 年，情况又发生了变化。时任王坛镇党委书记卢宝良力排众议，听取了北京大学教授陈泳超的建言，同意由几位当地文化精英借"绍兴市虞舜文化研究会"之名，承担起"社首"角色。注册会员既有当地颇具声望的乡土知识分子，也有土生土长的返乡教授、离退休干部，还有乡里乡外的企业家，计 200 多人。实际上，虞舜文化研究会就是一个"新乡贤"的联合体。他们有一个共同的特征——对舜王信仰文化传统"有着难以抹去的美好记忆和独特情感"，与地方政府、普通百姓相互尊重、信任，较之一般信众和地方政府，他们无疑是舜王庙会理想的守护力量。因此，虞舜文化研究会刚一成立，就顺理成章地接过了舜王庙会的"永久主办权"，全面承担起舜王庙会的记录、建档、传承、研究、宣传等方面工作。

2010年5月，绍兴市虞舜文化研究会成立大会现场（绍兴市虞舜文化研究会供图）

2021年11月，绍兴市虞舜文化研究会召开第三届第二次理事会暨舜王庙会总结会议（陈彩英摄）

作为绍兴虞舜文化的发掘和保存者，俞日霞先生成为绍兴市虞舜文化研究会的首任会长。俞日霞先生出生于 1936 年，是绍兴市王坛镇俞家村人，毕业于杭州大学（已并入浙江大学）历史学专业，投身教育，著书立说，热心公益。俞日霞先生数十年如一日地投身于舜王庙会的恢复工作中，凭借丰富的民俗文化知识和热情，努力整合多方资源，不断协调官方、民间及外来学者的声音，促成舜王庙会的复兴，在民众中享有很高的声望。2006 年，第一本系统整理研究舜王庙会与绍兴虞舜文化的著作《绍兴虞舜文化研究》出版。

2014 年 9 月，八十高龄的俞日霞先生因病离世，其女俞婉君女士继承父业，任职会长，并全面承担起舜王庙会的组织工作，庙会群体传承特征更加鲜明。目前，舜王庙会活动分王坛、稽东、谷来、湖墩和孙岙 5 个片区，片区内 97 座村庙庙首自动成为虞舜文化研究会会员，负责巡会活动的具体联络和发动，片长由片区的村庙庙首推选，片长职责是协调本片区巡会事宜，承担起类似"社首"的职责。如今，会长俞婉

国家级非物质文化遗产代表性项目牌匾（绍兴市虞舜文化研究会供图）

君和秘书长虞志根负责总体指导；董爱姑、董荣珍、蔡柏林、孙招英、孙忠根等负责舜王巡会；祭舜大典仪式的指导以区级传承人孙根凤为首，孙阿兴、何茂泰协助；会货培训由著名绍剧男旦何秋芳之子何茂泰负责恢复传统表演，王坛镇戏剧协会会长秦建林指导熟悉表演程式，区文化馆副馆长王恒负责表演创新性表达。

　　研究会还与绍兴文理学院大学生吴越文化研究会和区级教育性传承基地柯桥区王坛镇中学建立合作关系。会长俞婉君带领绍兴文理学院学子，不仅营造舜王庙会文化氛围，还创新虞舜传说和社戏表演的当代表达。研究会还指导绍兴文理学院大学生吴越文化研究会助力王坛镇中学的"虞舜文化进校园"活动。研究会与区非物质文化传承保护中心、绍兴文理学院大学生吴越文化研究会、王坛镇中学签订"协同共建绍兴舜王庙会教育性传承基地王坛镇中学"协议，四方协同推进"大手拉小手，共寻舜德拾遗路"研学游教学活动，协同创设非遗拓展课程，协同开展青少年版舜王庙会社戏展演活动。已开设的"用皮影讲虞舜传说"拓展课程被"中国教育在线""浙江非遗"公众号报道，"大手拉小手，共寻舜德拾遗路"研学游活动和"大手拉小手，与四千年前的舜王跨时空对话"沉浸式教学活动被《中国教育报》、潮新闻客户端报道。随着研究会全体会员的努力付出，研究会传承能力越来越强大，舜王庙会在传承中不断发展。

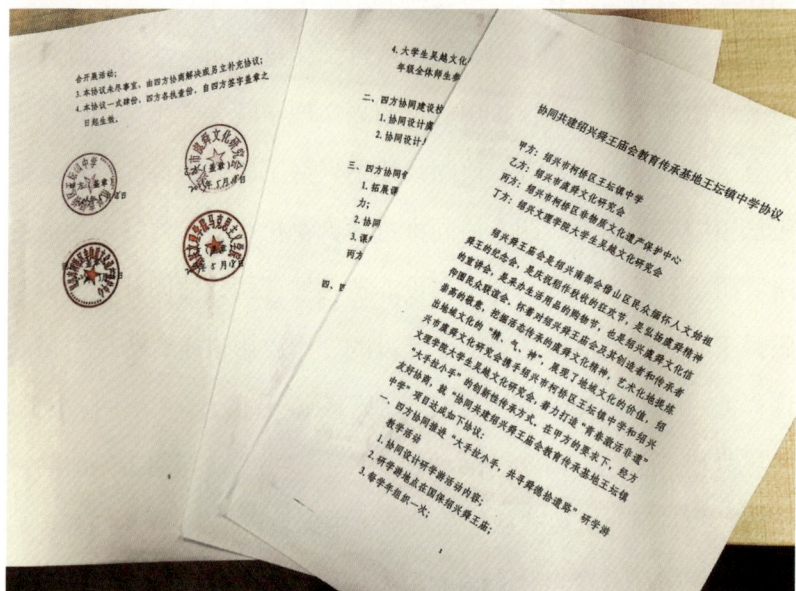

2022年5月18日，虞舜文化研究会与柯桥区非遗中心、绍兴文理学院大学生吴越文化研究会、王坛镇中学签订协议（王科晔摄）

2023年5月18日,虞舜文化研究会联合多部门在王坛镇中学开展"与四千年前的舜王跨时空对话"沉浸式教学(黄科晔等摄)

2022年10月13日，虞舜文化研究会指导绍兴文理学院大学生吴越文化研究会成员，助力柯桥区王坛镇中学的"虞舜文化进校园"，大学生以皮影戏的形式生动讲述虞舜传说（俞婉君摄）

2023年4月13日，"大手拉小手，共寻舜德拾遗路"研学游大合照（绍兴市虞舜文化研究会供图）

研学游中的大学生版"八大臣会"表演（绍兴市虞舜文化研究会供图）

研学游中的舜王庙陈列室展板解读（绍兴市虞舜文化研究会供图）

（二）村庙组织

绍兴市虞舜文化研究会在实践中发展出了一套自我生长的协调的运行机制，较好地实现了舜王信仰的稳态传承。成立初，研究会就吸收舜王巡会村庙庙首为基本会员，村庙庙首在研究会领导下主要负责巡会信众联络组织、巡会队伍秩序维护。随着巡会队伍的不断壮大，参加巡会的村落也从一开始的二十多个迅速增长到了接近百个。村庙庙首负责巡会的会货表演和巡会队伍组织。诸村庙中，以湖墩舜王庙和吴山舜王庙最为重要。

21世纪初，湖墩舜王庙成为舜王巡会的最初发起者和组织者。该村一直有被称为"落脚"的人员，协助庙祝做些日常维护和大型活动的组织工作，"落脚"世代相袭。在舜王巡会的恢复中，"落脚"们是出钱出力出人的骨干力量。2014年分片区管理制度出台前，研究会主要通过湖墩舜王庙组织王坛镇、稽东镇境内巡会队伍，落实巡会线路相关事宜，存放会货表演用的服装、道具等，并在此庙进行会货排练。划片区管理后，湖墩舜王庙仍然是最重要的村庙，舜王巡会必不可少的仪仗队和神像都来自湖墩舜王庙。又因双江溪舜王庙禁燃香烛，许多香客宁愿盘山远赴湖墩舜王庙给舜王敬献香烛和拜忏还愿。四位区级代表性传承人都来自该村庙管委会。

吴山舜王庙，前身是始建于太平天国时期的吴山寺，舜王并

2011年10月，虞舜文化研究会会长俞日霞考察谷来片区，商议首创村庙级祭舜大典活动（绍兴市虞舜文化研究会供图）

2012年9月，虞舜文化研究会组织村庙庙首筹备舜王庙会会议合照（俞婉君摄）

2013年10月，俞日霞先生分别赴谷来和湖墩召开舜王庙会筹备会议 (绍兴市虞舜文化研究会供图)

不在主位。2007 年舜王庙会巡会恢复，嵊州谷来镇乡民亦有心参与，吴山寺遂成为谷来镇参加舜王巡会的联络点。吴山寺重新整修扩建后，根据研究会会长俞日霞建议，更名为吴山舜王庙，并恭请舜王移至正殿主位。2012 年起，吴山舜王庙在研究会直接指导下举办祭舜大典，典礼结束后在谷来境内巡会两天，参与巡会的有三四百人。

（三）代表性传承人

绍兴舜王庙会共拥有代表性传承人四人。其中，省级传承人

一位，区级传承人三位。

　　绍兴舜王庙会的省级传承人，即绍兴县（今柯桥区）王坛镇新建村桃花湾自然村的村民董友忠老人。董友忠老人出生于民国，自小受祖父母影响，参与过 1950 年代的舜王庙会活动。1990 年代，在时任舜王庙会会首孙荣舫老人的指导下，董友忠成为舜王庙会的主要"干手"（即当地对在庙会期间做联络等杂事的人的称呼）。每年舜王庙会，都由董友忠老人负责庙会相关的事务性工作，包括会前联系各村主事，筹集修庙、会市等的经费，联系戏班，规划巡会的线路，在正日时祭舜、拜忏、写缘事（筹善款），准备

省级传承人董友忠在2007年舜王巡会中扮演"打架老鼠"（俞日霞摄）

2016年，省级传承人董友忠正在指导舜王巡会（俞日霞摄）

祭祀的福礼、五牲（猪、羊、鸡、鸭、鱼），准备素斋，等等。他
一忙就是两个多月。1994年至舜王庙会正式恢复的2008年，董友
忠老人所在的村被民间自发誉为当地"第一社"，在舜王庙会传统
复兴的过程中，做出了很多贡献与努力。可惜突发急病，董老在
2017年不幸辞世。

　　董友忠老人的"师傅"，上一任会首孙荣舫老人，为区级传承
人。生于1929年的他，因为老迈年高，在将舜王庙会各项事务性
工作传承给董友忠之后，于2009年卸任会首，作为顾问从旁协助。
他于2022年寿终正寝。

董荣珍，2021年成为区级代表性传承人，一直负责协助舜王巡会的组织和会货的筹办。2017年董友忠去世后，成为舜王巡会的主要组织者和召集人，也是会货表演的重要指导者。

孙根凤，也于2021年成为区级代表性传承人。其父孙阿兴老人是王坛镇湖墩舜王庙管委会成员，2007年全面恢复传统舜王庙会后，主要负责从湖墩出发的舜王出巡前祭祀仪式和入殿仪式，以及双江溪舜王庙会祭舜典礼的供品筹办、摆放，祭舜仪式流程指导和引导。这些年活动中，孙根凤一直从旁协助。到了2015年，孙根凤代替其父孙阿兴主管祭舜仪式至今。

2021年10月29日，区级传承人董荣珍在湖墩舜王庙中主持升舆起马，指导巡会队伍（董荣珍供图）

区级传承人孙根凤筹办舜王庙会祭舜供品（孙根凤供图）

四、舜王庙会的座会

每年的农历九月廿七，相传为舜王诞辰，因此绍兴南部会稽山区的乡民们每到这时，以双江溪舜王庙为中心的二十多座舜王庙宇，都会为舜王准备盛大而不失质朴的祭祀仪式。传统上庙内祭祀活动一般从廿六开始，持续三天，到九月廿八谢神结束，堪称绍兴南部会稽山区规模最大的群体性盛会。

四、舜王庙会的座会

　　每年的农历九月廿七，相传为舜王诞辰，因此每到这时，绍兴南部会稽山区以王坛镇双江溪舜王庙为中心的二十多座舜王庙，都会为舜王准备盛大而不失质朴的祭祀仪式，包括摆供、祭拜、请寿、宿山、进香、求签等。庙内祭祀活动一般从九月廿六开始，持续三天，到九月廿八谢神结束。若是当值的正好是个大社，就从九月廿四祭神开始，持续五天。在这期间，绍兴南部会稽山区乡民必定前往，远在上海、杭州等地的游子也会设法回乡参会，甚至信仰舜王的余姚人也会来赶庙会，舜王庙会堪称绍兴南部会稽山区规模最大的群体性盛会。

[壹] 祭舜大典

　　关于舜王的祭祀大典，于史并无详细的记载，大约也是因为本身并不复杂，与传统的庙会祭祀仪式也无太大的差异，所以才没能在各类史志资料中留下特别的痕迹。根据民众口述，所有舜王庙祭舜祈福仪式中，以双江溪舜王庙中心庙最为隆重。

　　首先是供品的选择与设置。在旧时商业并不发达的时代，世居于此的乡民们经济上并不宽裕，因此并不以传统的祭祀五牲

（牛、羊、猪、犬、鸡）设供，而是以饶有江南农家特色的猪、羊、鸡、鸭、鱼作为五牲，并称"五牲福礼"。但即便如此，除了农家能够自行饲养的猪羊鸡鸭之外，鲜鱼对于过去的山区居民而言，仍然是稀罕的货品。有不少贫苦人家，即使在过年时，仍只能以木雕刻成鱼的形状，在祭祖或招待客人的场合作装饰之用，以符合旧时"年年有余"的喜庆意头。因此，即使在舜王祭祀这般隆重的场合，以鲜鱼作为供品的做法也并不多见，一般以白鲞替代。鲞，即剖开晾干的鱼，珍贵程度显然远不如鲜鱼。但这并不意味着舜王祭祀中的供品不受重视。相反，其重视程度，旁人不难从人们对其他四种供品的挑剔程度中略窥一二。猪、羊用猪头、羊头，猪、羊、鸡、鸭都以单色为佳，概因在绍兴土话中"杂毛"意义不好，用了杂色的牺牲，对舜王有不敬之意。祭舜五牲中没有牛，会稽山区民众认为舜王恩及牲畜，感激耕牛劳作，不忍杀牛取食牛肉。五牲是舜王主餐，内侧摆三茶、三酒、三饭、二十四碗汤圆及各色水果糕饼等供品，作为舜王的点心。

其次是祭祀的典仪与流程。祭祀仪式开始之前，由当值社的社首带领参与舜王庙会的各个社的社首率先祭神，在后殿的舜王像前置五牲福礼、三茶、三酒、三饭、五盘水果。摆完供品，就要在天井里放铳，进入现代以后，则改成了燃放爆竹。鸣铳之后，当值社首带领各社社首列队在舜王大帝像前行三拜九叩之礼，并

说些祈求来年风调雨顺、五谷丰登、生活安康之类的吉祥话。行礼完毕，正殿对面的戏台上，有绍剧演员表演寿戏，三名演员分别饰演"福星""禄星""寿星"，合唱一出"三星庆寿"。唱毕，演员下台，在舜王供桌前再唱一遍，俗称"落地庆寿"。同时，人们行叩拜之礼，祈求舜王仁慈护佑，把恩泽赐予百姓，使当地的乡民安居乐业。寿戏表演完成之后，当值社首在舜王像前宣读祭文，祭文一般由当地有学识的贤达士绅执笔，内容一般为歌颂舜王贤德事迹，祈求舜王赐福，保佑一方平安云云。祭文诵念完毕，在殿前香炉内焚烧，再行叩拜之礼，气氛神秘、肃穆。

舜王分身庙和亲属庙里摆放着猪肉、全鸡和白鲞三种祭牲，还有三茶、三酒、三饭以及多种水果糕饼，然而与双江溪舜王庙相比，其品种虽多，但丰富程度不及。

[贰]娱神娱人的社戏

在虔敬肃穆的祭祀仪式之余，还有不少以娱神娱人为目的的活动，穿插在祭舜典仪的间隙，既增添了祭祀仪式的隆重性，也赋予了宗教性的祭祀活动别样的群众色彩。因此在介绍祭祀仪式时，很难不提到穿插其间的社戏表演。

庙会的组织者会请来绍兴大班在庙里的戏台上表演绍剧，同时也有一些杂耍班子、武术班子、小戏班乃至民间义会，在戏台或者对岸的河滩上进行表演。这些表演以戏台为主场，旧时一般

2018年11月1日，主祭人在双江溪舜王庙祭舜大典上恭读祭文（柯桥区王坛镇人民政府供图）

2021年10月29日，主祭人在双江溪舜王庙祭舜大典上敬香（柯桥区王坛镇人民政府供图）

2021年10月29日，双江溪舜王庙祭祀供品（虞志根摄）

湖墩舜王庙"落地庆寿"（董荣珍摄）

从九月廿六日开始，要连演三天三夜。若是正好轮到大社当值，如双江溪社、王坛社等，则会连演五天五夜，从廿四日开始。这样做既是为了表达信仰的虔诚，也能增添热闹的气氛，同时又是一个各家班子展露本领的好机会。

演出的内容，除了前面提及的"三星庆寿"之外，如今不大常见的还有"跳魁星"，俗名"调魁星"，当地百姓称之为"铁魁跳财神"。据绍剧名角"十三龄童"王振芳老师回忆，这段戏的主角是魁星和天官，魁星又分为大魁星与小魁星，大魁星的头上套着五岳朝天的脸套，左手拿魁星斗，右手握一支大笔，头戴乌纱帽，身穿绿袍，腰系五色裙；四个小魁星分别执灯笼、朝笏、纱帽、印信四种道具。开场时，大魁星在锣鼓声中上场，四个小魁星紧接着上场，然后天官上场。天官立于戏台后半部的椅子上，四个小魁星在戏台前半部跳舞，大魁星做出写字的样子。天官在椅子上边摆出写字的样子，边高声念道："三月桃，八月桂，桃熟桂香敬祝万寿无疆。五月风，六月雨，风调雨顺永保国泰民安。"接下去，天官又念："表去得庐，衣锦荣归；金榜题名，连科及第。"大魁星则边舞边作书写状，天官接着念道："接灯者文星高照。"东边手提灯笼的小魁星向天官一拜，大魁星向站在东边的提灯小魁星一点，提灯小魁星下场。天官又念："接笏者一品当朝，接官者官上加官，接印者万里封侯。"大魁星分别向南、西、北三

个小魁星一点，各小魁星依次下场。"跳魁星"同"三星庆寿""财神赐福"等同属于吉庆类的折子小戏，在浙江一带流传较广，除了祭祀场合之外，通常会在正戏开始前、过场或者场末表演，十分受欢迎。

此外，歌颂舜孝心的故事《芦花记》是必演的戏文。被戏迷们称为"当代绍剧宗师"的绍剧名角"十三龄童"王振芳在戏里扮演舜的父亲，据他回忆："这是为了宣扬舜的孝顺精神，我们演的内容与舜王庙壁画上的内容相同，是说舜的后母给舜穿芦花夹芯做的棉衣，给亲儿子象穿丝绵夹芯做的棉衣，舜冻得发抖，舜父打舜，棉衣破了，飞出芦花，舜的父亲才发觉自己错了，要打后母，舜去保护后母，跪在地上，求父亲原谅继母，戏到此结束。"[1] 群众喜闻乐见的传奇戏文《狸猫换太子》《龙虎斗》等也是舜王庙会期间必演的戏文。

庙会期间，除主会场舜王庙的戏台外，双江溪村的包公殿（俗称下庙）和罗镇茶站也各有一台戏。在那里，多数是演越剧，俗称小家班（绍剧称大戏）。在主会场舜王庙的戏台上，只准演绍剧，而且也不准女绍剧演员登台，若戏中有女角，则由男演员扮演。

庙会给山区人民提供了一个自我表演的舞台。在舜王庙对面的沙滩上，也搭台演戏。还有一些不请自来的会头戏，如十番会、

---

[1] 俞日霞：《绍兴虞舜文化研究》，2006 年版。

十番庆寿(俞日霞摄)

龙虎斗(俞日霞摄)

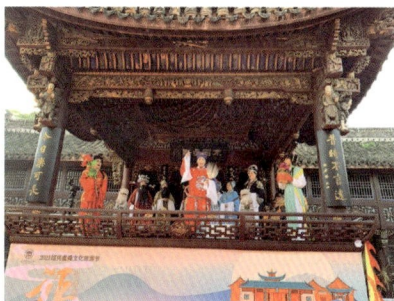

八仙庆寿(虞志根摄)

财神赐福(虞志根摄)

跳无常(绍兴市虞舜文化研究会供图)

三十六行(绍兴市虞舜文化研究会供图)

白神会、游戏会等会登台表演一些小戏，龙会、狮会、罗汉会、拳棒会、瓶会、碗会、流星会、高跷会等也会到庙会来一展自己的风采，借此娱神、娱人，也娱己。山区农民平日很少与外界联系，自己学了一套本领，到庙会来施展一下，求得精神上的满足。戏从下午开始演，夜戏则演通宵，这主要是考虑到有的香客路远，晚上不回家，可以消磨时间。

[叁] 朝山进香的香客

舜王庙会期间，还有不少群众参与性较强的集体活动。参与者不仅有绍兴南部会稽山区的普通乡民，也有从杭州、上海等地远道而来朝山进香的香客。其中最重要的活动，则是宿山念佛。所谓宿山，即在舜王庙会期间，吃住在双江溪舜王庙内，吃斋念佛。参与这项活动的，多为中老年妇女。具体形式，则是众人围坐在厢房中念经，一围通常有七人、九人或者十三人，所念的一般为《心经》《高王经》等佛教经典，或者只是念诵"阿弥陀佛"。

念经时，人们围坐一桌，用传递麦秆的方式计数。麦秆长十二三厘米，一头留有少许穗子，念佛者一边念，一边相互传递，一圈传完后，摆在一边，另取一根，开始新的一轮。每天傍晚，念佛者会把这一天计数的麦秆扎成一捆，中间留有二十几厘米高的麦头。这种以麦秆计念经数的方式，可谓绍兴南部会稽山区的文化特色之一。除了这种独特的计数方式外，人们也有用以黄纸折元宝的方式计数的，或者干脆以红点计数。一桌上的念经者一般相互之间都认识，念经之余，也会分享自备的干粮与糖果，称之为"结缘"。另有茶汤会的会员在一旁负责烧开水，为念经者提供后勤服务。

宿山念佛，一般会不眠不休持续几夜，从舜王祭祀的前一晚开始，整个祭祀活动持续几天，宿山念佛便会在双江溪舜王庙的左右两厢持续几天，即使在舜王祭祀典仪进行的过程中，也不会停止。因此，只有最虔诚的香客才会参与这一活动，念经者多来自舜王核心信仰圈，如绍兴南部、嵊州北部、上虞杨浦以及诸暨枫桥一带。他们认为在舜王面前念经可以添福添寿，一些讲究的人家还会专门准备新做的蓝布长袄，以示隆重虔敬。

过去宿山念佛的条件比较艰苦，念佛者自备的干粮，一般为炒薯片、炒玉米、炒黄豆、南瓜子、花生、南瓜干这些山乡土货，既便宜，又容易见饱。现在条件则改善了许多，舜王庙会中也会有快餐供应。但总的来说，宿山念佛仍是比较辛苦的，大多数人还是会选择进香许愿，进香者祈求的内容并没有固定指向，一般围绕求子、求财、求婚姻、求健康、保平安这些主题。如实现愿望，则需要再次进香，是为"还愿"。还愿的方式因人而异，有的用五牲福礼请舜王，有的请戏班子演社戏，有的给舜王庙捐钱，有的请道士拜忏。

2020年，舜王庙会期间双江溪舜王庙朝山敬香的香客（俞婉君摄）

绍兴南部会稽山区舜王庙主庙、分身庙和亲属庙都会有朝山香客念经祈福(董荣珍摄)

其中，更有绍兴南部会稽山区特色的，则是扮"犯人"还愿。这些扮演犯人的人，有的每年都扮演，称为"世代犯人"，有的则只扮演一次。"犯人"们首先要向神轿仪仗队要一份黄纸，填写好自己的姓名、年龄、地址，盖上庙印，用一块黄布包在头上，穿短裙，戴上木制的手铐，在舜王面前三跪九叩首，默默地自我忏悔，祈求舜王保佑。

此外，特别值得一提的，还有舜王庙的签诗。相传双江溪舜王庙内的签诗，是孙显廷重修舜王庙时召集一百多名秀才写出来的，共计一百张签。每张签上都写有一首七言律诗，文字雅驯，内容多为导人向善、宣扬孝道。在旧时，由于乡民普遍文化程度不高，常有求签之后，不解签意的情况发生，舜王庙内的庙祝会义务讲解，分文不取。除了求签以外，问卜也十分普遍，又称"问询"，就是用两片竹片（玦）预测未来吉凶。问卜时，询问者手夹两片竹片，在舜王像前祷告一番，心中默念所求愿望，然后将竹片掷向地面。若两片都是正面，称为阳爻，寓意一般；两片都是背面，是阴爻，事情就糟糕了；一正一反为圣爻，是为大吉。求签问卜是旧时民间庙会中常见的活动，为祈求者提供精神和心理的寄托。

[肆] 座会的当代传承

进入当代以后，随着舜王祭祀典仪的没落及复兴，舜王祭祀

的流程也出现了不小的变化。从 2005 年起，一年一度的舜王祭祀逐渐恢复，由王坛镇政府主办，作为"舜越文化旅游节"节俗内容。民间自发自主的祭舜活动转变为由政府单位主导，民间组织协助、参与的综合性活动，并不断添入新的环节，体现出不同的文化诉求。2009 年起，舜王祭祀以总庙双江溪舜王庙为中心，周边多座分身庙、亲属庙共同参与，仍然是绍兴南部会稽山区最盛大的节日。

舜王信仰虽然仍旧以双江溪舜王庙为核心，每一年的祭祀大典也在双江溪舜王庙举行，但受祭祀的舜王像却并不在双江溪保存，而是存放在了湖墩分身庙。因此，每年的祭祀仪式，主角舜王就如大多数朝山进香的百姓一样，也需要跋山涉水，坐着"轿子"赶来参加。为了保证祭祀流程的顺畅，舜王像一般在农历九月廿四一早，于湖墩分身庙起舆，由四到六个壮汉升舆上车，一路鸣锣开道，至双江溪舜王庙"参加"仪式。

农历九月廿四清晨，刚过 7 点，区级传承人孙根凤就早早地在双江溪主庙前后大殿案桌上准备好点心，等待着舜王像的到来。点心供品有三茶、三酒、三饭、二十四碗汤圆、一盘水果、一盘糖果。这是感念舜王一路"赶来"参加活动颇为辛苦而特意准备的茶点，供他老人家品尝。此时的舜王，不仅是可敬的，也是可亲的。

仪式在 7 点 50 分达到第一个高潮，舜王像入跸舜王庙后殿。

早早等待在此的香客们，簇拥着舜王像，或抚摸神轿，或从神轿的轿底钻过，以乞求舜王的赐福与保佑。这一活动一直要进行到

2021年10月29日，舜王像一入后殿，香客们争先恐后朝拜（俞婉君摄）

2021年10月29日，香客们争先恐后地抚摸神轿或从轿杠下钻过，乞求舜王赐福与保佑（俞婉君摄）

祭舜大典开始前清场时才结束。

8点起,庙内戏台开始娱神的社戏。虽然会货表演中不少高技术难度的表演不断失传,但个别吉祥意味浓厚的表演的重要性却在不断提升,"八仙庆寿"之外,还有记录会稽民风民俗的"三十六行"、导人向善的"跳无常"等会头戏,台下表演的舞龙舞狮和"落地庆寿",都是舜王祭祀仪式中的重要流程。"财神赐福"的对象是研究会内为舜王庙会作出突出贡献者以及资助庙会的香客。

上午9时50分,祭舜大典正式开始。供献的福礼,除五牲外,

农历九月廿五至廿七,湖墩舜王庙新戏台社戏不断(俞婉君摄)

增添了五谷、水果、糖糕、馒头。大典增加寓意舜定九州的"鸣铳九响"，寓意神州三十四省级行政区的"击鼓三十四响"。

农历九月廿六至廿七，湖墩舜王庙、谷来镇吴山舜王庙和白洋湖舜王庙的戏台上，除了表演"八仙庆寿"外，还在下午和晚上各演出一场越剧，经费由当地热心人士资助，如湖墩村董宝冯每年资助一场，还出资80多万元修建了戏台。其他亲属庙和分身庙也有少量香客以烧香、念经、拜忏等形式祈福。以湖墩舜王庙最为热闹，香烛最旺，拜忏最多。

参与祭祀的是王坛各界乡贤代表。在2010年，虞舜文化研究

湖墩舜王庙新戏台建成前的草台社戏（俞婉君摄）

会承担祭舜大典事务，由王坛镇政府代表研究会邀请嘉宾。2014年起，虞舜文化研究会与王坛镇政府协同举办，王坛镇政府邀请乡贤，镇长主持祭舜大典，研究会负责仪式所需用品采买、流程指导。2016年，来自海内外的中华虞氏宗亲代表在舜王庙会期间，举行了首届祭祖大典。2019年起，来自省内外的姚氏宗亲在舜王庙会期间派代表前来祭祖。

2012年农历九月廿五，在绍兴市虞舜文化研究会推动下，我国首个"草根"祭舜大典在谷来镇谷来村吴山舜王庙隆重举行。担任主祭的18人均是当地乡贤、农民代表。浙江省政协原副主席薛艳庄、中国计量学院副院长谢庭藩、浙江省老教授协会副会长张孙玮等十多名专家学者专程从杭州赶到谷来村，与村民一起参加这一个纯民间的祭舜大典。

2020年11月9日，姚氏宗亲组团第二次来双江溪舜王庙祭祖（姚建华摄）

2016年10月24日，来自海内外的中华虞氏宗亲代表在双江溪舜王庙，举行了首届祭祖大典（虞志根摄）

2012年11月8日，谷来吴山舜王庙落成典礼（朱倩摄）

2012年，全国首届"草根"祭舜大典在谷来镇吴山舜王庙举行（绍兴市虞舜文化研究会供图）

2013年农历九月廿五，谷来吴山舜王庙举行祭舜大典（袁瑾摄）

谷来吴山舜王庙（袁瑾摄于2013年）

五、舜王庙会中的巡会

舜王『菩萨巡会』是庙会中最精彩、最热闹的场景，观看者、参与者往往多达数万人。根据传说中舜王在世时『巡狩四方』的习惯，抬舜王神像过村穿坊，供人们朝拜、许愿、祭祀，并求得舜王的庇护、保佑。巡会在农历九月廿二至廿五举办，忙碌了半年多的农民正好能在农闲时间来进行各项节庆、祭祀活动。

五、舜王庙会中的巡会

　　舜王巡会是庙会中最精彩、最热闹的场景，观看者、参与者往往多达数万人。根据传说中舜王在世时"巡狩四方"的习惯，庙会时人们抬舜王神像过村穿坊，以供朝拜、许愿、祭祀，求得舜王的庇护、保佑。巡会在农历九月廿二至廿五举办。之所以选在这四天，大概是出于农时所需——春夏农忙时节，舜王庙会所需的青壮劳力，同时也是农耕中的主力，自然不可能有太多空余时间参与庙会的筹备工作。而农历九月这段时间，绍兴地区的农事稍有空闲，忙碌了半年多的农民正好能够腾出时间来进行各项节庆、祭祀活动。

　　每到农历的八月初一，舜王信仰圈中各个社的社首，都要在信仰圈的中心——双江溪舜王庙聚会，商讨当年的舜王巡会事宜。譬如是否举办，举办的话何时出发、何时结束，以及巡会的路线如何规划等等。这些都需要当值的社首与其他社首共同商议决定，但最终的结果尚需经历"问询"。问询的对象，正是舜王庙会中的主角舜王大帝。通过抛掷半月形的两片竹木珓，社首们就具体产生的每一项决议，向神灵问卜，以期得到神意的首肯。若抛掷后两片玟正反不同，则为"圣玟"，意即舜王"允可"了这项决议；若两片玟正反相同，则为"阳玟"或"阴玟"，表示这项决议受到了舜王大帝的否决。这种做法不仅为仪式的举行赋予了神圣的意义，而且也减少了具体执行过程中的争议，减少了可能产生的矛盾。

[壹]巡会的仪式流程

在定下了举办时间、巡会路线等当年巡会活动的纲目之后，八月初一的聚会上，社首们仍然需要继续商议巡会仪式的各项流程，其中最重要的是各村各会的会货种类、数量、参加人数等。会后，各社各会就需要按照各自在巡会中分配到的角色、任务，进行相应的准备工作。这一过程中，不仅道具、服装需要修整、购置，会货表演的内容也需在这一个半月左右的时间内，进行提前操演与练习，这些工作一般由各个义会承担。

巡会之前，组织者会派人在巡会所经村子中分送"龙头牌"。龙头牌是一张印着舜王神像的黄纸，用以通知各村巡会的日期。各村收到龙头牌后，要在装龙头牌的袋子里放上募捐来的善款，并注明捐助者的姓名、捐款金额，多少不计，随缘乐助。巡会时交与组织者，并在神像前将龙头牌焚化。

三天庙会期间，村民们要抬着舜王的神轿翻山越岭，穿过绍兴南部的部分村落，途经诸暨枫桥一带，再到嵊州北部山区以及

上虞汤浦西部。

据世居会稽山区的老人们回忆，上一回真正意义上的传统舜王巡会还是在 20 世纪 50 年代。1952 年的秋天，舜王巡会的队伍由双江溪舜王庙出发，途经肇湖、王坛、竹来、沙坞、俞家、湖头、罗镇、两溪，最后返回舜王庙。

巡会中有梳妆、升舆起马、驻马、供筵、斋饭、入庙等几个仪式环节。

一、梳妆。巡会前一天晚上 10 点左右要举行梳妆仪式，即为舜王像穿衣打扮。仪式之前稽东镇童家岭一个名为"罗汉会"的武术班子会提前赶到庙里，梳妆仪式便由罗汉会的"罗汉"们主持，闲杂人等不能靠近。仪式开始时，先点香案，"小罗汉"在前，"大罗汉"在后，行三拜九叩之礼。随后，由两位德高望重的"大罗汉"执拂尘为菩萨打扫干净灰尘，然后换上新龙袍，梳洗算是完成了。最后，再行跪拜之礼，仪式结束。

二、升舆起马。祭祀仪式完毕后，九月廿七的庙会活动才算正式开始，舜王大帝也随即开始巡会。第二天一早，举行"起马"仪式。仪式由社首主持，供猪、羊、鸡、鸭、鱼五牲供品，行跪拜之礼。之后由两位声望高、子女孝顺的老年妇女将香樟木雕成的舜王像扶入轿中，称为"升舆"。神像入轿后，主祭高喊"起马"，同时，鸣炮、放铳，锣鼓齐奏。此时，庙门前戏台的台板早

2021年，区级传承人董荣珍在湖墩舜王庙中主持升舆起马，指导巡会队伍（董荣珍供图）

已拆除，八位轿夫抬着神轿从正门出发，前有执事会等开路，后面各会跟上，队伍浩浩荡荡，在蜿蜒的山路上行进。一般在巡会队伍最前边有专人到各村放帖，告知对方队伍即将到来，准备祭品，清理表演场地。

三、驻马、供筵。队伍所到的那些村落都会在村口交通要道搭棚设供筵，备有五牲福礼、香烛供桌，并由专人迎候巡会队伍的到来。队伍到达后，循例祭拜一番，各会货要按照出发时排好的顺序，依次表演一番——无论队伍有多长，必须一一表演。这被称为"驻马"。若是队伍越棚而过，则会被该村视为奇耻大辱，往往因此引起争执。驻马结束，村里还会给参加巡会者发放一些糖果、点心。

舜王巡会驻马（俞婉君摄）

　　一路上，民众也会自发在路旁搭棚设供筵，巡会的队伍通常会停留片刻，让舜王在此接受善男信女的祭拜。根据各家的经济实力，供筵有大有小。旧时大户人家备三牲或者五牲礼，还有水果、糕点、茶水等；小户人家只摆些香烛、糕点、果品。按习俗，驻马时菩萨神轿不能落地，于是人们便将神轿搁在八仙桌上，一些老人、妇女、孩子争先恐后地从八仙桌下钻过，俗信以为这样可以添福添寿，保佑吉祥如意。在舜王经过时，供筵主人三跪九叩首，祈求舜王保佑平安，口中默默祈祷："舜王菩萨保佑合家平安，多福多寿，五谷丰登，六畜兴旺，子孙万代。"同时点放鞭炮。

王坛镇新建村村民家门前设立的供筵（陈彩英摄）

会货无须一一表演，若是碰上比较大的供筵，八仙会会唱一下庆寿小段子，拳棒会、罗汉会、龙会等也会耍上两耍。供筵的主人一般会为参加巡会的每个人准备一袋子礼品，一般是干粮、毛巾、糖果等山区常见的日用品和食品，司仪和轿夫有时也会领到红包。

四、斋饭。巡会的队伍路上要在某个村子里吃饭，通常会预先安排好，由专人通知这个村子办斋饭。当地有首童谣唱道："呕唯喳，坎上肇湖吃晏斋，吃了三块毛芋葛。"坎上距离舜王庙1500米左右，离肇湖才1000米。童谣反映的就是巡会的队伍很长，等走到肇湖、坎上就已经是中午了。中午时分，在舜王驻马的村中，

巡会途中沿路"结缘"（俞婉君摄）

2012年11月7日，巡会队伍依俗在肇湖吃午斋（朱倩摄）

各家办有斋饭，富人家的斋饭多办几桌，一般人家少办几桌，穷人是办不起斋饭的。斋饭分主斋和客斋两种，参加舜王庙会的社所在的村子办的斋饭叫主斋，是荤斋，一般有猪肉、鸡肉、鸡蛋之类。其他村子办的斋饭叫客斋，全是素菜。

五、过夜。巡会时，队伍会选择在一些规模较大的庙宇中留宿过夜。当地有童谣唱道："哐哐喳，坎上肇湖吃晏斋，岭下南岸来过夜。"说的是巡会第一天，舜王中午能走到肇湖，到了晚上就走到南岸村了。因此，第一夜一般都在南岸村过夜。舜王过夜非常热闹，寺庙内要拜忏，晚上还要唱戏，远近村子的男女老少都会过来凑热闹。在过夜的村子里，所有的会都要表演。附近各村的人都会来赶会，也就是来看表演，有的村还会自己请绍剧团来演戏。所在村的社首要备五牲福礼祭神。

六、入庙。巡会的队伍返回舜王庙，称为"入庙"。入庙后，由两位受人尊敬的老年妇女扶神像进正殿，称为"菩萨升座"。最后再设祭品，会货也一一入场排列好，行叩拜祭祀之礼，巡会仪式到此全部完成。

[贰]巡会队伍的组成

如果说舜王庙会的组织、各类祭祀典仪中，社承担了其中大部分的工作，那么到了巡会的部分，则是各类义会争奇斗艳、逞才游艺的主场。除了茶会等在舜王庙会中承担后勤保障工作的义

会之外，其余大多数义会都在巡会中承担艺能表演职能，这些表演又被称为"会货"。巡会队列的主体由不同的会货表演构成，而具体的会货表演则依附于巡会的形式展开。20世纪50年代开始，巡会活动受各种因素的影响而停摆，会货表演的传承自然地受到了极大打击。当巡会活动恢复正常之后，会货表演的丰富性与参与度，又成了巡会传统复兴必须跨过的一道难关。

如上文所提及的，中华人民共和国成立前的舜王庙会，共有各类会货119队（虽然并非每次巡会都能吸引所有的义会参与）。一组完整的巡会队伍一般包含四个基本板块，从前至后依次是开路队、仪仗队、神轿和表演队。此外，巡会的过程中，总是会有一些善男信女事先准备好香烛或者其他供品，在路边等候，待队伍走过时跟在最后，随着大部队一同巡游。这样做既无碍巡会秩序，又能够表达自己的虔诚之心。慢慢地，这些临时加入的民众也成为巡会队列的一部分，这一部分民众，按照舜王庙会的传统，又被称为"持香后拥会"。

巡会队伍行进时，以开路、仪仗、表演的功能区分，聚成大队，大队之中又有小队，由来自不同村落的相同会货构成，数量较多的有校会、铳会、龙会、狮会等等。每个小队的规模各有不同，有两三人的犯人会，也有几百上千人的铳会。其中，表演队的会货表演种类最多，灵活度最大，也最具有开放性；开路队与仪仗队的会货表演种类较少，形式也相对固定，并且最为严格。

（一）开路队

"打架老鼠"——人数并不固定，旧时一般有五六人。统统打扮成老鼠模样，头扎稻草，脸妆腮红。手持一头被劈散了的竹篙，挥舞起来"啪啪"作响，当地俗称"响竹篙"。"打架老鼠"的任务是驱赶人群，为巡会队伍开道，形象滑稽，动作有趣，因此旧时往往由地方上游手好闲之徒充任。如今，考虑到舜王巡会的社会影响与形象，则改由乡里有口皆碑的孝德之人扮演，因此角色名称变为"孝子"，但服装打扮并无变化。

"抬锣"——一面大锣，由两人各挑一头，取"鸣锣开道"

舜王出巡时打头阵的"打架老鼠"（俞婉君摄）

抬锣会（虞志根摄）

之意。

　　"铳会"——旧时规模非常庞大，往往有成百上千人之众，功能则与抬锣类同，鸣枪致意，以壮声势。铳会的铳是山间常见的火器，形制并不复杂，一人多高的木杆上端有一段铁管。鸣放时，在铁管内装上火药，用小木块塞住管口，底部有一小孔，内插导火线。放铳手点燃导火线，火药在管内膨胀，将木块冲得飞上天，发出巨大的响声，俗称"寸木飞天"。舜王菩萨起马、驻马、出庙、入庙时都要放铳（现代改为燃放爆竹）。这一带的铳会很多，其中以肇湖的百铳会最为有名，铳会有会旗一面，斜三角形，旗面绣着一只老虎及"舜王庙会第十社铳会"几个大字。

　　"大刀会"——由二十多个人组成，过往巡会时，往往手持真刀。巡会队伍需要翻山越岭，道路崎岖，遇上妨碍舜王轿子通行的竹木，大刀手便会手持大刀，劈开荆棘，为队伍开道。

　　"大炮会"——大炮有两种，一为抬炮，是需要两个人抬的大炮；一为挑炮，是一个人便可挑起两只的小炮。大炮用檀树制作，又称"檀树大炮"，一般由个人出资置办，间或有几家合置。大炮只在巡会时使用，否则便会被视为不吉。大炮使用的火药又称"大王药"，力道不足，对人危害不大，以声音响亮为特色，四五里外也能听到，可以及时预判巡会队伍到达时间。

　　此外，"大炮会"附近一般还有四个"打架老鼠"，在放炮时

舜王出巡时为队伍开道的铳会（俞婉君摄）

舜王起马、驻马、出庙、入庙时规模庞大的铳会（虞志根摄）

为队伍开道的大刀手（俞婉君摄）

将周围的人赶开，保证道路畅通，避免放炮伤人。

（二）仪仗队

"执事会"——保护舜王銮驾。旧时王坛镇坎上村的执事会远近闻名，会员有百人之众。会内有大旗一面，上书楷书大字"虞朝舜帝"，黄伞一把，"肃静""回避"对牌四对，大锣、大鼓各六面。另有宝剑及锡制十八般兵器七十余件，据说兵器上刻有暗八仙、琴棋书画、福禄寿喜、和合二仙等民间吉祥图案，以及花鸟虫鱼、飞龙舞凤、麒麟灵龟、金蟾古钱等灵异花草动物或祥物，在阳光下熠熠生辉，精致美观。兵器及其他物件，平时分散保存在农民家中，可惜在"文化大革命"时被毁，今已无存。

"校会"——神轿的卫队，一般由16岁以下的童男组成，两人一对，视村落大小，十五对到二十余对不等。会众着校尉、旗牌官戏服，按衣着颜色的不同，可分为红、绿、黑、黄四色校会。其中，"红校会"也称为"武校会"，一般由身强力壮者充任，主要为防止路上有人抢夺神轿；"绿校会"又称为"文校会"，手拿号角，遇到供筵、舜王菩萨驻马时，吹号示意。

"旗会"——一次巡会往往有好几百面旗帜，大小不等、色彩各异。小方旗一米见方，红底黄边；三角旗一米多长，旧时冢斜村的旗会有三角龙旗，上绣金色小龙，迎风招展，气势撼人。大旗的旗杆是一根粗毛竹，约三四丈高，有四条护索，旗上绣着"国

舜王巡会时的校会（虞志根摄）

泰民安""风调雨顺"等吉祥语。前行时，除一人擎旗外，四人各持护索，保持平衡。表演时，将旗置于头顶、额头、口鼻、后颈、肩膀、脊背、大腿、手背、手心等处，技艺高超者，大旗四平八稳。

"高照会"——四面旗帜上，分别用优质的锡制作"文""星""高""照"字样。锡字表面光亮如镜，巡会前需用木炭擦拭，以维持光亮。巡会时四人持杆，并排走在神轿前。巡会路过村落和住宅时，高照会受邀将四字面对村落四方、家庭各角"一照"，保此村此家平安。

"提炉会"——由十二对童男童女组成，年龄在 8 岁至 16 岁

舜王巡会时旗会中的三角龙旗（虞志根摄）

舜王巡会时旗会中的大旗（虞志根摄）

舜王起马、驻马、出庙、入庙、巡会时浩浩荡荡的仪仗队（虞志根摄）

之间，穿白色对襟上衣，外套马褂，下穿灯笼裤。每人手执提炉，炉中焚烧檀香。提炉用锡制成，直径约二十厘米，上下三个穿成一串，下有流苏，挂于龙头杖上。在神轿前，提炉会随着简单欢快的音乐节奏边走边舞，不断变化队形。先走"小台步"，走圆场，取意"人兴财旺，团团圆圆"，然后原地踏"四方步"，寓意"方方正正，去邪归正"，再走"剪刀绞"，表示要把福气绞在一起，使其不能散开，最后摆"葡萄链"队形，当地人对此的解释是将民心"链牢"。

（三）表演队

开路队、仪仗队讲究壮声势、摆威风，但一般最吸引人的还是表演队。表演队的规模最大，内容最丰富，形式也最灵活，大致分为扮演、杂技、武术、鼓乐和歌舞五种。

其一，扮演类。比较典型的有犯人会、回头三步一拜会、大臣会、八仙会、地图会等。

"犯人会"——一般由善男信女扮成犯人跟在神轿后。他们肩荷木枷锁，颈系铁锁链，由校会押解。当地习俗，凡是家中有人得病或者发生其他不幸，都要去舜王庙中祈求舜王保佑逃过此劫，此为"发愿"；若是平安度过，则要在巡会时装扮"犯人"，向舜王"还愿"。此外，"犯人"中也有为前世赎罪、为今生和来

巡会中信众扮演的"犯人会"（俞日霞摄）

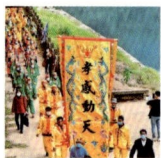

世积福的，还有替长辈"受刑"祈福的。

"回头三步一拜会"——简称"回头拜会"，由十八个男子组成，身穿犯人服饰，胸前、背后均有一"囚"字，头系白巾，穿着白色对襟布衫、大裆裤，腰扎红绸带，脚蹬草鞋，以浑身净素来表达对舜王菩萨的虔诚。每人手里还捧着香炉蜡烛凳。蜡烛凳为木制，凳面有八角亭，一端可插香和蜡烛。在清音伴奏下，回头拜会向前走三步，回头向舜王拜一拜，表示忏悔。整支队伍还会变换队形，走出盘阵、一字拜等，表达内心的虔诚以及对求道的渴望。

"地图会"——将锡纸制成神像、花草、人物等戴在头上，沿途表演神像、花草和人物的标志性动作。

"抬阁会"——又称"扮故事会"，在一木制台架上将儿童或成人分数层固定，化妆打扮，有孩童扮成"金童玉女"，也有成人扮"八仙过海""昭君出塞""貂蝉拜月""唐僧取经""哪吒闹海""桃园三结义""龙凤呈祥"等中的人物，再配以图案背景装饰，由数人抬扛，在街道、广场巡游表演。表演时有清音伴奏。抬阁上的表演并不着力于情节的展开，主要还是人物形象的展示，并配合一些简单的动作表演。旧时，每次巡会抬阁数目不一，少则五六阁，多则十几数十阁。抬阁大小也不同，小的四人扛抬，大的则需十几人。

　　"大臣会"——由真人扮演舜王八位大臣，紧跟舜王神轿后。这八位大臣为禹（掌水利）、弃（掌农业）、垂（掌手工业）、益（掌山林）、龙（掌监察）、夷（掌礼乐）、契（掌教化）、皋陶（掌刑罚），寓意舜以天下为公，民主理政，知人善任，用人唯贤，各大臣各司其职，不负众望，为后世治国的典范。这在其他庙会中并不多见。巡会时，扮演"大臣"的会众须进殿谢神后才可卸装。

　　"八仙会"——共有九名演员，分别扮演王母、吕洞宾、汉钟离、铁拐李、曹国舅、张果老、蓝采和、韩湘子和何仙姑。他们身穿戏服，手持法器，王母持拂尘，吕洞宾佩宝剑，汉钟离摇扇子，铁拐李背葫芦，曹国舅执笏板，张果老拿渔鼓，蓝采和捧花篮，韩湘子携紫箫，何仙姑拈荷花，表演《八仙大庆寿》片段小戏。旧时"八仙"只是随队演出，不上戏台。遇有供筵驻马时，即兴表演一下，为斋主添福加寿。九人以王母居中，八仙分列两边，围在供桌前演唱。表演分为神仙降临、献寿礼、唱庆寿词三部分。首先由西王母登场，表明来意。随后吕洞宾、汉钟离、曹国舅、张果老、铁拐李、韩湘子、蓝采和和何仙姑依次上场。每位神仙登场唱上一曲，舞动一下手中法器，意为赐福。唱词介绍各自样貌、衣着和奉献的礼物，也讲述各自的法术和行迹典故，接着回到现实着力描绘人间热闹的寿宴场面。在唱词的最后部分，有的祝平安，有的祝发财，有的祝升学，根据斋主不同的需求作

舜王出巡供筵驻马时表演的八仙会（陈彩英摄）

不同的祝福。

其二，杂技类。主要包括狮象虎豹会、高跷会、瓶会、碗会等。

"狮象虎豹会"——实际上是一种制作精致的机关类布景。在一个笼子里，用纸糊成狮、象、虎、豹等猛兽，拉动机关，猛兽就会跳跃扑腾，表演狮子滚绣球、猛虎戏蝴蝶等场景。

"高跷会"——由三十六人组成，出于安全考虑，前方另有"打架老鼠"开路。表演时，表演者穿着戏服，扮成《三国》《水浒》等戏曲中的人物，踩着两米多的高跷，在山路上如履平地，而且不到歇夜表演者不能下高跷，累了也只能倚着树木、房屋休息。据说中华人民共和国成立前，芝坞山村高跷会的水平很高，脚踩高跷，荷担百斤，依然健步如飞、如履平地。至于高跷的来历，当地人自有一番解释：江南一带多雨，下雨后，山区道路泥泞，很难行走，于是山民便制作了五六十厘米高的高跷当作雨鞋，供下雨或者雨后行路之用，十分方便实用。后来就把它用到了庙会的表演中，高度逐渐增加，表演也更加精彩了。

"瓶会""碗会"——即常见的踩瓶、踩碗类杂技表演。庙会期间或者巡会队伍休息时在空地上随处表演，精彩之处，常常引得众人叫好。

其三，武术类。主要包括扁镗会、镗叉会、私盐会、罗汉会和拳棒会等。武术类表演都需请师傅传授，农闲时加强训练。

"扁镗会"——"扁镗"为木柄，上有三个扁形锋刃，铁质，中间为双刃正锋，下出两股，向上弯翘，呈弯月形。表演时，有单人、两人、四人组合，有对打，有对抛，同时有锣鼓敲打配合。

"镗叉会"——形制与"扁镗"类似，只是中间正锋呈圆锥体。镗叉会的表演比较简单，有对打、互抛等招式。其中有一种小镗叉，上面装着两个铜钱。表演时，四人一组站定，互相抛掷小镗叉，镗叉相互撞击发出悦耳的声音，尤其能吸引孩子和妇女前来观看。

舜王出巡时的扁镗会（俞婉君摄）

　　"私盐会"——由三十六个青壮年男子组成，四人一组。每人手拿两个"私盐叉"。私盐叉没有统一规格，大小长短不一，形状各不相同。但一般来说与镗叉相似，只是中轴串有一对小型铁镲，随翻滚、抖动琅琅作响，声闻里许。会众统一着青、白两色衫，人数相仿，分别代表"走私盐贩"和"抓捕官府"两个阵营。私盐叉的使用须具有一定的经验，器件也需保养、加固，俗谚云"一分武艺卖分细，十分武艺抛私盐"，因此过去农闲时经常能看到这些能人们在空阔地方练习私盐叉的抛、甩、接；有时为加强训练效果，特意把箩倒过来扣在地上，人踏在箩底上训练，起抛私盐叉时，两脚稍分开，双手协力握柄，顺势弯腰，用力带动盐叉甩出，落下时仅凭单手接住，如果没接牢，盐叉落地，就算"出洋相"。抛出的高度低者三五米，高者二三十米，要求抛得高，响得远；抛出的起点与落地的终点也常不重叠，艺高人胆大者还能边走边抛。

巡会时，私盐会有两名大刀手开道，刀手一般是彪形大汉，各持一把威风凛凛的大刀，扮演着开路先锋角色。巡会途中，如遇到树枝挡路，大刀手断然挥刀，手起、刀落、枝断，那一气呵成的气势，着实让路人肃然。大刀手开道寓意逢山开路，遇水架桥，排除一切途中险难，切实保障后续队伍前行顺利。紧接着是两个"小私盐"，一对眉清目秀的男童，年龄不超过15岁，模样招人喜爱。两人头上均戴着用宽白布片做成的一个饰帽，帽子顶上两侧各有一个弯弯向上的小角。肩挑一根与小孩子身高差不多长的棍子，两头各挂一只竹盐篮，晃晃悠悠地走在队伍前，寓意着贩私盐的辛劳。遇到丰收年景，村里也会把"小私盐"装扮成手持尚方宝剑的太子，坐在花团锦簇的轿子上，各由两个壮汉抬着走。紧随"小私盐"是四位手持短棍的老手，他们是"小私盐"的武装护卫，个个年轻力壮，身手敏捷，分列两侧，形影不离。最后是大批私盐会成员。舜王出巡时，沿途村子几乎全村出动，会玩私盐叉的跟着私盐会，其他的作为香客举着彩旗跟着大部队走在后面恭迎舜王。彩旗飘飘，吹吹打打，浩浩荡荡，好生闹猛。

表演者之间不刻意排成方阵，而是自由成行，但要保持一定距离。各人所持的私盐叉大小不一，抛的高低有别，响声时长、

调高也不尽相同。抛接也是自由发挥，没有统一的步调，可以这个刚抛叉，那个才接住，这个的叉还在上升，那个的叉开始下落，空中私盐叉翻腾、穿梭，铮声阵阵。

"拳棒会"——当地民众自发组成的武术性组织。拳棒会使用的兵器包括双刀、大刀、长枪、双剑、镗、耙、棒、矛、锤、戟、鞭、拐、流星锤、虎头牌等。拳法主要有大洪拳、小洪拳、金雀拳等套路。拳棒会打扮与罗汉会一样，头包红布，腰系红腰布，穿红背搭、黄布衣和灯笼裤。中华人民共和国成立前，杨宅村拳棒会十分有名。

拳棒会以流星锤开路。表演开始前，武艺最高者用镗叉划圈占领地盘时，会给其他会货表演队伍挑战机会，如没人去挑战，或挑战失败，才正式开场。

表演程式是从"破四门"开始的。所谓"破四门"，就是舞大刀，在四个方向做出破门的各种动作。接着是"走阵"，有一字长蛇阵、八卦阵、元宝阵、四角阵、团团阵等。走阵时，由一人手持令旗指挥，各人手执各种武器，穿梭走动，令人眼花缭乱。走阵结束后，还要进行"大操"和"小操"。

"罗汉会"——名称源于佛教中的十八罗汉，十八罗汉使用十八种兵器，"罗汉"们也需精通十八般武艺。在所有武术类会货中，罗汉会的名气最大，声望最高，其中以童家岭罗汉会最有名。

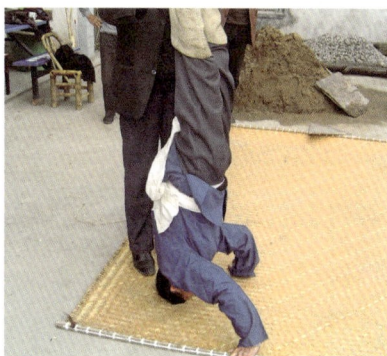

拳棒会训练（俞日霞摄）

传说童家岭罗汉会从康熙年间建立，到中华人民共和国成立初已有六代"罗汉"。罗汉会有大小"罗汉"各十二名，另有六人扛大旗。"小罗汉"最小七八岁，最大不超过 14 岁。"大罗汉"多为 20 至 40 岁的成年男子，根据身高、体型特征，由师傅指定学习的武器，有双剑、双戟、大刀、双刀、揉耙、尖叉、铜柱、短棍、孙膑拐、月华拐、古拐、火流星、长枪、汤鞭、藤牌等。"小罗汉"入会后则要学习翻筋斗，包括滚地筋斗、空心筋斗、倒筋斗、大筋斗、软腰筋斗、硬钟、倒挂、翻地钟、丢钟等。罗汉会的会头一般由村里管事者担任，负责安排训练、参加巡会等具体事务。罗汉会有自己的乐队。

童家岭罗汉会的会旗是一面蜈蚣旗，上书"童家岭罗汉会"六个黑色楷体大字。旗面红底，绣有八仙和花卉等图案，黄色镶边。旗杆长六丈，重一百多斤，由两人扛旗杆，四人牵引。罗汉会参会巡游时，常常让"小罗汉"们坐在"斗轿"上。民间自制的"斗轿"，轿子结构比较简单，在两根毛竹中间横一块木板，下面再用绳索挂一块搁脚板。轿子没有轿顶，遇上大雨需自备伞具。"小罗汉"们上身穿红色衣服，下着白色裤子，裤腿边上有绣花，头上裹红头巾，戴一朵花，脸上涂上白粉，稍稍化妆，显得十分精神、醒目。围观人群远远便能望见，十分受人喜爱。"大罗汉"则扫棍、敲锣鼓，以引起人们的注意。

　　罗汉会的表演，其名称便十分吉祥且形象生动。"叠罗汉"：又称"竖行牌"，九到十人打"头桩"，第二层称为"二桩"，有六人，"三桩"四人；打桩者头、肩部都可以站人，最高可叠到九层，俗称"损九大人"；叠桩时，"罗汉"们还要表演各种姿势，如鲤鱼打挺、金鸡独立、凤凰展翅等。"麒麟送子"：两个"大罗汉"扮成麒麟，将七个"小罗汉"依次抛出，由另一"大罗汉"接住。"开荷花"：四个"大罗汉"在舞台中央，四双手搭成环形，一个"小罗汉"坐在中央，四个"大罗汉"肩上各坐一个"小罗汉"，沿逆时针方向绕圈，四个"小罗汉"向后仰，露出中间一名"小罗汉"，形似荷花开。"黄鱼出洞"：先由一名"大罗汉"翻空心筋斗跃上舞台，仰面斜躺在前台中央，双脚向上叉开，一名"小罗汉"翻空心筋斗跃到"大罗汉"脚上，双脚分开站立，呈圆洞，其余"小罗汉"一一翻空心筋斗到"大罗汉"身边；"大罗汉"顺势助力"小罗汉"从圆洞中跃出，翻空心筋斗下台。"擂火餐"：一名"大罗汉"在舞台中央倒立，头与双手着地，作陀螺状旋转。"套

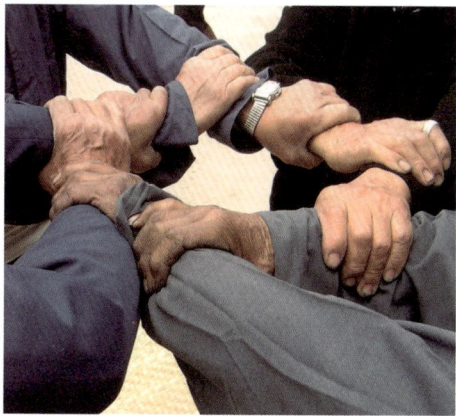

"开荷花"之手（俞日霞摄）

"开荷花"（俞日霞摄）

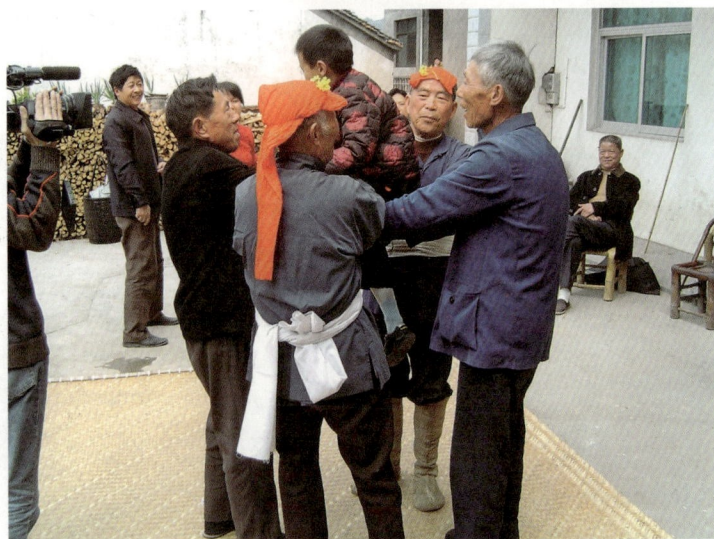

"开荷花"全景造型（俞日霞摄）

圈播米"：在场地中央置一张八仙桌，摆放有一个竹圈、一堆米、一个畚斗；一名"小罗汉"翻筋斗跃上桌子，将米和竹圈抛向空中，执起畚斗接米，同时身体穿过竹圈，最后仍落到八仙桌上。"配马"：扮马的人数说法不一（有五人说，两人作马身，一人扮马头，一人扮马尾，马夫一人；有两人说，一人扮马，一人扮马夫）；表演时，马夫上场将马牵出，空手模拟喂食、梳毛、洗脸、抚马等动作；然后，一名"小罗汉"上场，立于马背上作骑马状，绕场三圈，最后翻空心筋斗。

其四，鼓乐类。以十番会为代表，还有丝弦会、敲嚓会和鼓会等。祭祀神灵的巡会并没有自己专门的音乐，这些吹打班子既服务于庙会，也奔走于寻常人家，在婚丧嫁娶、红白喜事中，都有他们精彩的表演，民众对其中的乐曲自然也十分熟悉。

"十番会"——即道士班子，大约由二十几人组成，备有道具、服装及乐器，乐器主要使用京胡、板胡、二胡、三弦、梅花（唢呐）、月琴、大锣、大鼓、滴鼓等。主要演奏类型有大敲、小敲和清音三种，一般以小敲为主，既可以随队边行边奏，又能坐下表演（坐唱）。十番会十分讲究行奏时的姿态，步伐要整齐，双脚向左右迈开八字步，动作幅度大，步点小，并且每步都要踩上鼓点。丝弦会、敲嚓会、鼓会的情况大体相同。坐唱不讲队形，就是十几个人围着两张八仙桌吹拉弹唱，每个人都有自己担任的角

行进中的十番会（王蕾摄）

色，也有一人兼数角的，但不化装，没有大幅度的动作表演。多唱些吉祥如意的段子，所唱以绍剧为主，兼有京剧、越剧、婺剧等。舜王巡会中，乐班表演的坐唱曲目有《龙虎斗》《长坂坡》《狸猫换太子》等传统绍剧剧目。

塘里村十番会表演时抬着一顶轿子，边走边演。轿子为一顶四人大轿，朱竿绣轴，精致漂亮，有雕栏、绣球、流苏等装饰，可是有轿顶没有轿底。表演者敲锣打鼓走在轿子里边，并伴以唢呐，从外面看好似坐在轿内一般。

诸暨枫桥一带十番会表演时还有一顶长二十余米、宽三米多的彩篷，称为"鼓亭"。彩篷主要用红绿丝绸制作，篷面上绣着许多吉祥图案，篷顶有彩边和黄色流苏环绕。前方有两根花柱，柱上挂有宫灯，到了夜晚点亮宫灯煞是好看。彩篷不仅是一件精美的手工艺品，还有为乐班遮阳避尘的实用价值。

此外，巡会过程中的鼓乐吹打，也会根据具体表演内容做适当调整，以烘托热闹、欢快的节日气氛。如罗汉会、拳棒会、太平会等表演前还要敲头场、二场锣鼓，以起到吸引观众的暖场作用。乐班表演的曲目或铿锵有力、高亢雄壮，或轻柔舒缓、宁静柔和，并根据表演的内容灵活转换。比如无常出场，"目连嗻头"凄厉，而到了与阿招抢夜羹饭时，则一反恐怖的音调，吹出八分音符和七分的小快板，节奏欢快、跳跃，烘托出场景的戏谑与滑稽。

其五，歌舞类。主要有龙会、狮会、马灯会、三十六行会、太平会等。

"龙会"——龙是中华民族的传统图腾，山区民众生产生活靠天吃饭，希望能够风调雨顺，因此对龙也就格外敬重。龙分为大中小三档，大龙二十一档，需要二十一人舞；中龙十八至十九档，由十八九人舞动；小龙一般是十七档，十七人舞。龙一般是白底，根据鳞片颜色的不同一般可分为红、灰、黑、黄、白、青六种，其中以白龙数量最多。还有一种黄底黑鳞或者黄底红鳞的，称为"花龙"。据粗略统计，1949 年以前，绍兴有二十几个龙会，有布

龙三十余条。不同会的龙是不能同时上场表演的。俗信以为两条陌生的龙碰到一起会发生争斗，若是扯落龙鳞就会带来冰雹，若是两条龙发生争斗就会由一条"狴犴龙"来调解。

狴犴龙传说中是龙的第四个儿子。巡会中的狴犴，其形象经过了历代民间艺人的艺术想象加工：竹笼作为龙身骨架，缚上麻绳连接起来，好似龙筋，外边包上黄色或白色厚帆布作为龙皮，全身无鳞。狴犴的头形似狗头，上下颌能够开合吐舌，头部呈红色。每个竹笼上装一米长的木棍，为舞龙手所持，共有九档。由于身体硬直，舞动时只能做爬杆、绕柱等动作，因此又被称为"硬脚龙"。传说狴犴龙生性勇猛，因此在庙会及巡会期间起着维护秩序的作用，若遇上两支龙队起了冲突，硬脚龙就从中间穿插过去，因为其他的龙都是软布包成，极易被硬脚龙擦破，因此一般会纷纷避让，争斗自然平息。中华人民共和国成立初期，上虞冯浦村狴犴龙舞远近闻名。

"狮会"——舞狮是当地历史悠久的传统表演项目，巡会中的狮会主要来自诸暨、嵊州地区，包括枫桥、岩潭村和崇仁等地。主要有黄毛、绿毛两种狮子，根据舞动人数的不同又可分为大狮子和小狮子。狮头用竹编成，并借鉴了戏曲脸谱的画法，色彩浓郁，制法考究，眼帘、嘴都可以动。从狮头至狮身用布一起包裹起来，显得十分威武。

　　狮子有大小，并可根据不同的毛色区别不同的舞狮班。大狮子两人舞一头，一人持狮头，一人托狮尾。表演讲究神似，表演者主要通过马步的变换，配合狮头，表现狮子的各种形态，如搔痒、打滚、抖毛、跳跃、扑腾、踩球等动作。舞狮时，有大锣、大鼓敲打助阵，狮的舞动要配合音乐的节奏。小狮子一人舞一头，动作比较简单，跟着鼓点节拍抖动身体配合大狮子的表演。有时，还有一人持彩球逗引，让狮子做出相应的动作。

　　"马灯会"——过去以王坛镇南子口村的马灯会规模最大，约有上百人。马灯用竹编成内壳，外边蒙上布，绘上图案。表演者身着彩服，将马头和马尾扎在身体前后，好似立于马灯中间。马

巡会中的马灯会（柯桥区王坛镇人民政府供图）

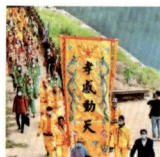

灯会有一面大旗，上用黄色丝线绣一匹大马。表演时跳马灯舞，表演者跟着鼓点策马扬鞭，做出马儿奔腾的模样，不时变换阵形，有三角阵、四角阵、长蛇阵、圆阵铁索环等。

"三十六行会"——扮演者化装成日常生活中常见的各行各业人物，与龙会、马灯会等会合作表演。"三十六行会"有大旗作为先导，四至六人持马刀护卫。表演时先在队首的带领下走队形，一般有龙阵、梅花阵，接着按所扮人物的行业依次上场表演，有"双看相""磨豆腐""莲子舞"等节目。表演时用清音伴奏，乐器有鼓、板胡、二胡、三弦、月琴、笛子等。行进时，有里龙阵、外龙阵、梅花阵等等。

"三十六行会"表演前有"打架老鼠"挥舞竹竿，使竹竿噼啪作响，以此来隔开人群，然后把会匾放在空地上，表示占有了地盘，这就是"占"。"三十六行会"成员扮演生活中常见的各种职业劳动者。当地俗语说"三百六十行，种田第一行"，因此出场的第一个就是犁地农民，其他还有卖豆腐的、打花鼓的、卖草绳的、打铁的、看相的、行路的、卖五香冻的、打水的、扒垃圾车的、倒夜壶的等等。表演者一般素面，服装就是当地农民平日里穿的衣裳，道具也是真正的生活用品和劳动工具，模仿生活中该行业者的装扮，一看就知道是当地土生土长的农民。他们的装扮未必经得起艺术的赏鉴，但符号性很强，一望即可辨识。比如，看相的戴着墨镜，举着"阴阳八卦"的旗子摇摇摆摆走过；犁地农民穿着短衫，背着犁；理发的挑着理发担子，晃晃悠悠一路吆喝；绣花的女子穿着蓝青色短袄、举着绣绷害羞地遮住半张脸；卖豆腐的挑着担子，担子上有两块豆腐板；卖酒的用担子挑着酒桶。行至场地中央，象征性吆喝两声，往往能博得满堂彩。三十六行的装扮取材于日常生活，以戏谑、幽默的方式表现出来，十分有喜感。

除了装扮外，每个行业都有表演，有的演小戏，小戏配有小曲，这些小戏生活气息浓，诙谐生动，反映了当地劳动人民的生活，颇受人们欢迎。

"太平会"——又称"白神会"，表演的舞蹈叫作"跳无常"，也可称为"调无常"，因为在当地方言中"调"和"跳"同音。"跳无常"就是从浙东哑目连戏中抽取一些角色，将他们编排起来跳的一种群舞，角色选择的灵活度很大，从七八人到几十人均可，一般有十五人左右。这些人物多出自《跳无常》《夜魅渡河》《吊孝出丧》等，主要有活无常、阿领、无常嫂嫂、大少爷、刘氏、夜魅头、家人阿招、死无常等。表演中还有不少其他小鬼，比如赌鬼、躲债鬼、讨债鬼、酒鬼、落水鬼、五小鬼等。

太平会表演时乐队在前，以锣鼓吹打为主，乐器以及曲牌与十番会等吹打班子差不多，主要以"小敲"为主。跳无常时，要

吹"目连嘻头",并配《骑马调》,声音凄厉。巡会中的表演没有唱词,主要通过表演者的表情、动作、手势等来表现人物特征,构建滑稽场景,并不铺叙故事情节,人鬼同舞,十分有趣。同时伴有戏镗叉等杂技性表演。

太平会中有一个"担酒者",他并不参加表演,表演时他把酒担往地上一放,拦住队伍后边的人群,这就是"隔"。前部的乐队此时也起到隔离作用,这样一前一后为"跳无常"辟出了表演场地。表演开场总是伴随着凄厉的"目连嘻头"声,随即就看到白无常高高的帽子,形象十分鲜明。此外,还有小鬼"夜魅头"形象,他的舞蹈动作表现了当地特有的"抽渡船"习俗。

[叁]巡会中的艺能表演

在整个巡会过程中,队伍走走停停,停顿的时间或长或短。其间要进行小型的祭祀仪式。这些祭祀仪式一般由沿途乡民筹备,于乡间空地上,置供桌,摆贡品,被称为"供筵"。舜王像在供桌前落轿,巡会的队伍则趁此机会整顿休息。

在大多数巡会人员休息的同时,武术、杂技、歌舞等表演类会货,则在此时拉开队伍、圆场表演。旧时,由于表演类会货种类繁多,会货表演甚至形成了不同的套路,以求先声夺人,一振声名。如上文提及的杨宅村拳棒会,其中设擂打擂的表演,即属此类。

此外，旧时的会货一般都备有自己的小乐队，行时锣鼓引路，停时乐音喧天。你方唱罢我登场，会货之间隐隐呈现竞争的意味。故知，俗语云"迎神赛会"，所言不虚。巡会的表演，既是"迎神"，也是竞赛。北魏杨衒之《洛阳伽蓝记》中有"长秋寺"条，记该寺佛像出行至景明寺集会时，"辟邪、师子导引其前。吞刀吐火，腾骧一面。彩幢上索，诡谲不常。奇伎异服，冠于都市。像停之处，观者如堵"。记述的正是古时迎神赛会中，会货表演争奇斗艳，引来香客如云的热闹场景。

简单却又隆重的开场之后，迎神的会货表演正式开始，根据停留的原因，以及时间的长短不同，又有不同的表演形式。如杨宅村拳棒会的表演，就有"大操""小操"之分，大操表演的项目比较复杂，有多种兵器的对打演练，而小操则简单得多，一般只有单刀盾牌的操演。大操、小操依不同规模的供筵、不同的停留时间而选择性表演。武术类会货中声望最高、知名度也最高的罗汉会，其表演则更加复杂。"大罗汉"扫棍清场之后，先有"小罗汉"翻筋斗、行走阵为引，再有"大罗汉"登场"竖行牌"，即"叠罗汉"。叠桩时，罗汉们还要表演各种姿势，如鲤鱼打挺、金鸡独立、凤凰展翅等。

会货小乐队吹奏的乐曲依表演内容而定，彼此之间并不相同。三十六行会以丝弦清音为主，乐器有鼓、板胡、二胡、三弦、月

琴、腿琴、笛子等；校会行走有号角；舞龙舞狮，用锣鼓等打击乐器；游戏会、丝弦会与其他折子戏表演，就用清音细乐相伴。太平会表演时乐队在前，以鼓号吹打为主，乐器以及曲牌与十番会等吹打班子差不多，主要以"小敲"为主。"跳无常"时，要吹目连号子，并配《骑马调》，声音凄厉。

会货表演场面比较热闹，可以说是万头攒动、人声鼎沸。这些表演对服饰并没有特殊的要求，整齐统一即可。色彩一般极为鲜艳，多用红、黄、绿、黑、白、蓝等色，烘托出热烈的气氛。这样一支穿着明艳的队伍行进于山间道路，连同高高低低的旗帜，老远就能看到。

[肆]巡会的当代传承

当下的巡会，从组织到表演，都在试图复原传统的模式。早在 2001 年起，俞日霞先生就花了三年时间，走访 50 余个村庄，调查访问了 100 余位老人，搜集整理出 30 余种会货表演资料，为后来巡会的恢复奠定了基础。2007 年舜王巡会队伍与传统的队列结构模式一致。

恢复最早、最稳定是"开路队"和"仪仗队"，队列性功能强，艺术性功能弱，2007 年就恢复得相对比较完整。艺术性强的会货，表演元素散失得多，恢复起来也难。2010 年会货数量虽然达到 27 种，但真正属于传统意义上"表演队"的会货只有龙会、狮会、十番会、敲嘭会、马灯会和太平会这 6 种。即使这些恢复了的"表演队"也存在着表演形式与道具制作简单、音乐节奏单调、观赏性不强等问题。至于罗汉会、拳棒会、高跷会等表演技巧性要求高、训练周期长的会货，则更是后继乏人，恢复工作遭遇了瓶颈。绍兴市虞舜文化研究会成立后，一直将恢复巡会组织和会货表演放在首要位置，现基本延续了传统的队伍结构、表演项目和表演风格，已恢复会货 28 种，遍及村落 67 个，巡会队伍 1000 人以上。

恢复后的舜王庙会，巡会使用的舜王像来自王坛镇湖墩舜王庙。巡会前一天，湖墩舜王庙举行舜王"梳妆"仪式，即为舜王像换衣打扮。先点香案，众人行三拜九叩之礼，然后由两位德高望重的长者为舜王菩萨掸净灰尘，换上新龙袍，梳洗完成后，再行跪拜之礼，仪式完成。

农历九月廿四一大早，从全国各地赶来的香客，身着盛装，在巡会路线旁

农历九月廿三晚上，湖墩舜王庙庙管会为舜王菩萨打扫干净灰尘（董荣珍供图）

翘首以待。早上6点，湖墩舜王庙举行"升舆起马"仪式。仪式由区级传承人董荣珍主持，供上猪、羊、鸡、鸭、鱼五牲贡品，落地庆寿，湖墩村庙领导班子集体行跪拜之礼。之后由声望高、子女孝顺的老年妇女董爱姑和董荣珍将香樟木雕成的舜王像扶入轿中，称为"升舆"。神像入轿后，主祭人高喊"起马"，同时鸣炮、放铳，锣鼓齐奏。

神轿抬上专车，舜王仪仗队连同舜王神像一路吹打赶赴双江溪舜王庙。从村口出发，经过九曲、湖墩、石屑、蔡岙、东村、南子口等村，7点半前进入双江溪舜王庙。专车行到双江溪舜王庙

农历九月廿三晚上，湖墩舜王庙庙管会成员为舜王换上新龙袍 (董荣珍供图)

农历九月廿四一大早，湖墩舜王庙神像入轿后，向双江溪舜王庙出发（董荣珍供图）

神轿抬上专车，舜王仪仗队连同舜王神轿赶赴双江溪舜王庙（董荣珍供图 ）

牌坊外，神轿下车，由"打架老鼠"、抬锣会、执事会开道，锣鼓齐奏，八位轿夫抬着神像从右侧进入舜王庙后殿。

其他会货队伍由虞舜文化研究会派车从 4 镇 67 村接上，送达王坛镇三桥头换装整队，8 点集合完毕，9 点半巡会队伍在双江溪舜王庙庙门外等待。

双江溪祭舜大典结束后，区级传承人董荣珍高喊三次"升舆""起马"，锣鼓齐鸣，八位轿夫抬着舜王神像从左侧山门出巡。巡会队伍中打头阵的仍然是"打架老鼠"，一身传统装束，头戴有三根红色触角的草圈，身穿蓝色布衣，腰间系有一根粗草绳，手持一头被劈散了的竹篙，挥舞起来"啪啪"作响，当地俗称"响竹篙"，驱散围观群众，为巡会队伍开道。"打架老鼠"后面是"感天动地"大旗。后面是抬锣会，时走时敲。接着是铳会。接着是执事会，身穿绿色差役服，模仿旧时官府出巡时的排场，手持"肃静""回避"牌等，以示威严。接着是校会，分为红校会、绿校会、黄校会和白校会，头戴红色方巾的红校会手擎明黄色小方旗，上书"舜帝"二字，而其他校会只是服装颜色改变，道具相同。接着是身穿嫦娥服、手提宫灯的两位年轻女子，她们是舜王的"宫女"。"宫女"后面四面敞开的红色八抬大轿上端坐着的舜王神像与真人一般大小，头戴镶满珠宝的皇冠，身披黄袍，有着一把浓密的黑色胡须，面露微笑，庄严而慈祥。

神轿后面是两名年轻女性，着红色宫女服，手持明黄色华盖，上有白龙一条，旁书"日""月"二字。华盖过后便是八九个身穿道袍的道士，以及边走边吹打演奏的丝弦会和敲嘭会。接着是手持刀戟棍棒的拳棒会、扁镗会、镗叉会、旗会、八仙庆寿、三十六行、白神会、财神赐福、马灯会、犯人会、狮会和龙会等，每种会货表演队伍造型各异，着装缤纷，边走边演。2021年舜王巡会队伍有会货29种。会货队伍徐徐行进，香客阵阵喝彩，掌声不断。

巡会队伍沿着供筵设点前行。一路上信众自发在路旁搭棚设供筵，巡会的队伍通常会停留片刻，让舜王在此接受善男信女的祭拜。

巡会为期三天，王坛线一天，由湖墩舜王庙庙首牵头。谷来线两天（农历九月廿五、廿六），由谷来镇吴山舜王庙庙首牵头。舜王也能依俗在庙中安享供筵。

双江溪舜王庙出发的舜王巡会（王坛线）仍保持在肇湖村办午斋的习俗：在村民活动中心聚餐，从9点半开桌，至下午2点止。不仅招待巡会信众，还免费招待所有人。2017年，舜王庙会午斋已达200桌以上。2018年起，由肇湖村信众张国萍家资助巡会队伍午斋。

农历九月廿四"王坛线"：肇湖村—坎上村—王坛街道—青

坛村—越联村。

九月廿五至廿六"谷来线"：九月廿五，吴山舜王庙—下坂村—举坑村—吕岙；九月廿六，吕岙—白木岭—下郭—吴山舜王庙。

到了 2021 年，舜王庙会的巡会路线增加到 3 条，即"王坛线""谷来线"以及当年新增的"湖墩线"，时间也从原本的 3 天增加到了 4 天。巡会则恢复了梳妆、升舆起马、驻马、供筵、斋饭、入庙等传统仪式环节，有来自近 70 个村落千余人的巡会队伍，举行 29 种会货表演，已成为全国范围内规模最大的舜王巡会。2023 年，舜王巡会队伍走进沿途乡镇文化广场展演舜王庙会社戏。大学生版"八大臣会"、中学生版"皮影讲虞舜传说"、中学生版"狴犴龙舞"、小学生版"与典籍里的舜王时空对话"、舜王后裔"舜王庆寿"5 支创新性社戏，与以"广场舞大妈"为主体的"草根"社戏同台展演，吸引了各界关注。

绍兴黄酒酿制技艺

六、舜王庙市

通常来讲，某一信仰圈的总庙一般处于交通要津，譬如双江溪舜王庙就背靠舜江水系，旧时南部会稽山区出产的物资，在双江溪舜王庙上岸中转装上竹筏运出去，经由运河运往杭州、上海或宁波等地。因此，在庙会期间，各地商贩闻讯赶来，抓住机会推销商品，在双江溪舜王庙形成了颇具规模的临时性集市。

六、舜王庙市

　　参与舜王庙会的群众并不一定都是虔诚的信徒，神仙之事过于邈远，不可胜求。因此，舜王庙会的组织，除了朝山进香的宗教意味之外，更反映着人们朴素的生活需求。通常来讲，某一信仰圈的总庙一般处于交通要津，譬如双江溪舜王庙就背靠舜江水系，旧时南部会稽山区出产的茶叶、柿子、板栗、水稻等农产品，在双江溪舜王庙中转，装上竹筏沿小舜江东流，经曹娥江到上虞的曹娥村靠岸，再通过运河运往杭州、上海或宁波等地，因为回程时是逆流而上，所以只能带少量盐和杂货。庙会期间，各地商贩闻讯赶来，抓住机会推销商品，主场双江溪舜王庙形成了颇具规模的临时性集市，还催生了先占据好地段再卖给摊主的营生。

[壹] 庙市中的摊贩

　　小舜江是绍兴会稽山区的主要交通线，旧时就有"平水岳庙六月十九箩簟会，双江溪舜王庙九月廿七缸甏会"一说，讲的就是舜王庙会中庙市的主要交易内容，以缸甏、陶器等农家日常生活必需品为主。山区农民保存粮食、咸菜，酿酒、储油等都需要陶瓷器皿，但本地并不产缸甏，这种需求形成了舜王庙市的最早期特色。

庙会期间，摊贩主要集中在紧靠双江溪舜王庙的双江溪两岸滩涂上，临时搭布棚、席棚或露天营业。也有小贩穿梭在会场人群中，哪儿有生意就去哪儿，随时营业。庙市摊贩的货物数量、品种都比平常集市多出数倍。有木制的犁、木锨、木耙、风箱、桌、椅、板凳等；铁制的镢头、锄头、铁铲、瓦刀、门环、门扣等；各种条编、草编生产用具和生活用具；新制成的大车、小车等。还有诸暨香榧、黄岩蜜橘等，也是平时难得一见的稀罕物。庙市商品主要针对会稽山区百姓的生活和生产，因为价廉物美，品种繁多，非常受民众欢迎。具体而言，绍兴舜王庙会中的庙市上，以下三类货品最为畅销。

其一，是生产用品类。

小舜江畔的河滩上最多的是缸甏、陶瓷器。当地有俗谚"平水岳庙六月十九箩筐会，双江溪舜王庙九月廿九缸甏会"，讲的就是庙市上缸甏、陶器等农家日常生活的必需品数量多、品种丰富。

在山区，农民们平时装粮食、咸菜、酒、油等都要用陶瓷器，过年制酒，用糯米做土白酒，比较有钱的人家还自己制黄酒，都需要缸缸甏甏；山区农民还有制咸菜、霉干菜的习惯，也需要缸甏。新买的缸甏一旦装了酒，就不能再用来腌制咸菜、霉干菜，反过来，咸菜缸、霉干菜缸同样不能用来酿酒。在使用过程

中，陶瓷器皿难免损坏，这就进一步增大了农民对缸甏的需求量。然而，在山区，基本上没有缸甏店，农民只能在庙会期间才能买得到缸甏。庙市上售卖的陶瓷制品，主要来自上虞，也有从江西来的。

此外还有木勺。山区农民用木勺盛谷米，但平时是买不到木勺的，东阳地区的木勺很受欢迎。农民们日常需要的铁器，主要包括农具、厨房用具，永康的铁器在庙会上极受欢迎。山区虽有些小铁匠铺，但产品质量没有永康的好，特别是犁头和镬，那是一定要买永康产的。

其二，是生活类用品。

布摊上卖的主要是余姚大布，大布即土布。余姚大布质地厚实，最受农民欢迎。也有一些洋布，主要是士林洋布，即靛青色的细洋布，比较有钱的农妇才买得起，她们在平时也不穿洋布做的衣服，只有做客或春节时才穿一穿。

庙会上的文具摊，有湖州人的毛笔摊，安徽人的墨摊也供应毛边纸、宣纸、方格本等，这是读书人最喜欢的地方。

化妆品摊主要供应胭脂、水粉、红绿丝线、发夹、顶针、针、洋棉纱线等，那是妇女们光顾的地方。山区妇女平时难得上街，门口的货郎担虽然也有这些东西，但常常货色不好，价格偏贵，所以在庙会期间，妇女们会配足一年所需。

退衣摊卖的是穿过的旧衣服，产棉区余姚、慈溪人来卖，有钱人不会去光顾，但对山区的贫苦农民来说，还是很实用的。

其三，是时令食品类。

庙会上，食品类摊位主要有诸暨人摆的香榧摊、黄岩人摆的蜜橘摊。

当地农民在庙会上卖自己出产的柿子、糖梗，各种各样的柿子如楠柿、橘红柿、方柿、酥柿，任人挑选，价格低廉。因此，庙会又有"柿子会"的别名。

农历九月廿七日的舜王庙会，活跃了当地经济，让山区百姓可以买到平时买不到的生活和生产必需品，满足了山区百姓的生活和生产需要。因此，即使到了 20 世纪五六十年代，由于时代原因，舜王庙会停摆，庙市却依旧被保留了下来，只是参与的主角从普通商贩变成了各地供销社。

[贰] 庙市上的展演

一类是摊贩的展演。

有些摊贩靠展示自己的手艺吸引游客。

卖梨膏糖的商贩会站在凳子上，手拿小锣，边敲边念，说梨膏糖吃了有许多好处。一面小锣，可以敲出许多节奏，一块梨膏糖被他说得神乎其神，简直可包治百病。人们说，卖梨膏糖的嘴，可以说得"白鲞会游，死尸会走"。据说，梨膏糖可治哮喘病，山

区老农多有犯哮喘病的，所以有不少人购买。

围观的人最多的要数大力士卖武膏药的杂技表演。武膏药专治跌打损伤，大力士每次开场表演节目之后，就当场治病，疗效神奇，其实都是"医托"。山区农民平日里腰酸背痛，受点小伤是难免的，有不少农民会买几包膏药或伤药回去。

吹糖人、捏面人、制泥人的摊子，一边吆喝一边吹捏展示。小孩爱看，有钱的小孩子也会买一两个回家去玩。

还有来自各地的说书、魔术、武术、西洋镜、杂技表演，也能吸引逛庙会的人。

一类是会货的展演。

舜王庙庙前双江溪两岸滩涂上，除了众多的摊贩，还有许多会赶在九月廿七日的庙会时来舜王庙前的沙滩上表演。如十番会、白神会、游戏会等会表演一些 小戏，龙会、狮会、罗汉会、拳棒会、瓶会、碗会、流星会、高跷会等会一展自己的技艺。

在九月廿七舜王庙会期间，童家岭罗汉会自始至终在场，既在河滩上表演，又担负着维持秩序的任务。

[叁] 舜王庙市的当代变迁

20世纪80年代以后，在全国各地"文化搭台、经济唱戏"的浪潮下，舜王庙会作为当地独特的文化资源被挖掘出来。2000年10月22日至24日，"绍兴舜越文化节暨农特产品交易会"在王坛舜王庙举办，此次活动由王坛镇人民政府主办，绍兴县文保所、绍兴县农副产品产销服务公司协办。活动的主题被确定为"观赏舜江风光，挖掘舜越文化，展示山区特色，振兴王坛经济"。这是一次在当时十分普遍的经贸推介会，主办者的意愿是化"封建迷信"为新时期的文化活动，在政府的领导下，为地方旅游、经济事业服务。

到了2021年舜王庙会期间，绍兴市内外都有人赶来设点摆摊，摊位多达三四百个，绵延好几公里。有的支个布棚，亮出字号，里面摆了桌子、长凳；有的则只将自行车或手推车往路边一停，任人围拢。包子、馃子、烧饼、豆面糕、切糕、炸糕、豆浆、茶汤、凉粉、馄饨等吃食应有尽有。王坛镇政府组织推介本地农副产品，设立了专卖区。附近农民也把自己种的农副产品拿来交易。

舜王庙市（房霏斐摄）

柯桥区非遗中心还组

织了传统非遗技艺展示，项目有周雅定的王星记扇制作技艺，赵秀林的绍兴铜雕制作技艺，茹园儿的圆木制作技艺，胡志刚的绍兴棕编制作技艺，吴金荣的绍兴花雕酿制技艺，陈宝良的绍兴黄酒酿制技艺，彭忠义的安昌扯白糖技艺，胡仁祥的会稽藤杖制作技艺。非遗表演也为庙市平添了几分热闹。

扯白糖技艺（房霏斐摄）

网红大糕（房霏斐摄）

王星记扇（房霏斐摄）

绍兴黄酒（房霏斐摄）

舜王庙会期间的非遗文化大舞台（房霏斐摄）

七、舜王庙会的特色与价值

在传统社会主流的儒家文化与农耕文化的共同影响下，绍兴舜王庙会从传说俗信，到信仰仪式，再到种种艺能展演，各个细节都深深刻入了相应的痕迹。在种种影响下，绍兴舜王庙会既高远又实在，既伴有神鬼仙灵，又深入农舍田垄，既虔敬肃穆，又娱乐百姓。

七、舜王庙会的特色与价值

　　"中国人俗信既高远又实在的特征，是农耕文化的印记，是农耕文化的信仰，是中国人的自然信仰，是一个民族的根，民族的魂，民族的基因，是人们扔都扔不掉的，刻在血脉中的东西。中国人的俗信体现了人和自然的和谐，和社会、和他人包括家庭的和谐，自己的内心的和谐。"[1]绍兴舜王庙会深受传统社会主流的儒家文化与农耕文化的共同影响。儒家文化强调俗世功业，农耕文化重视世俗生活；儒家文化主导伦理教化，农耕文化抚慰朴素情感。因此，在绍兴舜王庙会中，两种文化相互融合，相伴相生，营造出多元统一的特色与价值。可以说，绍兴舜王庙会既高远又实在，既伴有神鬼仙灵，又深入农舍田垄，既虔敬肃穆，又娱乐百姓。

[壹] 舜王庙会的特色

　　传说中，舜曾经巡狩会稽山，人们感其恩德，视舜王为会稽山区农耕文明的始祖。当地有一大批虞舜传说至今仍在民间广为流播，深入人心，成为这一民间信仰的思想基础和重要推动力，

[1] 童芍素：2021年"文化共富背景下虞舜文化的传承与发展"学术研讨会上的发言。

使得舜王庙会几乎成为当地民众生活中必不可少的一部分，影响着一代又一代生于斯长于斯的人们。

（一）充满人伦之光，既高远又实在

在宋代的时候，王十朋就写过一篇《会稽风俗赋》，里面这样写道："舜为人子，克谐以孝，故其俗至今烝烝是效；舜为人臣，克尽其道，故其俗至今挈挈是蹈；舜为人兄，怨怒不藏，故其俗至今爱而能容；舜为人君，以天下禅，故其俗至今廉而能逊。"可见，虞舜对绍兴人文精神的形成产生过深远影响。

舜之贤德，在中国古代早期文献中多有记载，并在今晋、鲁、豫、皖、湘、浙诸地民间广为流传。虞舜对绍兴风俗文化的影响是广泛的，也是深远的。早期史籍所载关于舜的内容多集中于"选贤除奸""尧舜代兴""有为仁君"等方面，民间则以此为底本演绎生成了颇具规模的故事群，涵盖舜王生平传奇、德性磨炼、超凡品格、因果应报诸情节，集中衬托其仁孝、俭勤、修德及神异形象。当然，虞舜诸贤德最为后人所推崇、传诵的即是他的至纯至孝，一系列独立展开的奇幻的虞舜孝行故事，闪耀着人伦之光。"百善孝为先"，虞舜之孝实际上是契合各阶层民众普遍的价值认同和自觉道德实践的，这就为舜王信仰的千年传承提供了最重要的政治合理性和社会合法性，也成为舜王庙会及巡会表演的永恒主题。

远古时代的虞舜传说，被会稽山区底层民众反复传播，发育得越来越丰满，越来越接近底层民众的生活。这位崇高伟大的始祖和绍兴南部山村里普通老百姓之间的距离被拉得很近很近，使得虞舜这位始祖的人物形象也深深地扎根在广大底层民众的心坎里。舜成为邻家的孩子，是自己人，又是他们学习的榜样。

（二）以舜王信仰为纽带，将会稽山区乡民纳入"社"与"会"体系

会稽山区乡民视舜王为最高神灵、人文始祖和农耕始祖，举办舜王庙会被视为"为舜王大帝做事积福"。舜王庙会期间，以王坛镇双江溪舜王庙为中心的绍兴南部会稽山区，超过百村聚集起五六千人乃至上万人的队伍，在崎岖的山路上巡游，开展会货表演，会稽山区几乎所有民众都参与到庙会活动中，并愿意服从"社"与"会"的安排。这些组织在舜王庙会中各司其职，各逞其能，互相配合，成就了巡会活动的丰富多彩。

1949 年以后，旧的"社"和"会"自然解体。改革开放以来，通过各方面的努力，尤其是在以俞日霞为代表的一批满怀真情、有着真切的乡土关怀的乡贤能人的参与和推动下，这些古老的民俗活动组织渐渐得以恢复。绍兴市虞舜文化研究会以会稽山区村庙为传承基本单位，划分 5 个片区，使片区与村庙扮演传统的"社"与"会"的角色，并帮助他们履行舜王庙会的组织管理职责。如今，已形成以周边 97 个村庙为传承实践基本单位，市虞舜文化研究会、片区与村庙三级运作的民间自治模式，充分发挥了当地民众在保护传承中的主体作用。

舜王信仰的"社""会"体系打破了村和宗族的界限，民众满怀热情而又十分虔诚地参加巡会，并且力争在巡会中为自己的村落争光，为自己所表演的会货争光。身怀绝技的老一辈民间高手口授心传，在把珍贵的祖传技艺传递给年轻一代的同时，也将传统文化与社会的纽带一代代地传承了下来，形成别具一格的地域特色与文化根脉。

（三）集多重民间文化要素为一体，形成具体独特的地域文化标识

绍兴南部会稽山区敬舜为稻作文明的始祖、道德文明始祖、最高地方神灵，遂立庙祭祀，借此表达对先祖舜的感恩和崇拜。舜王庙会以祭祀舜帝为中心，依托绍兴王坛镇双江溪舜王庙展开，汇集了包括神灵崇拜、民间传说、祭祀仪式、民族民间艺术、民间手工艺等诸多文化符号，融入地方风土人情，具有独特性和意象性特征，是当地民众创造、传承、共享的非物质文化遗产。

绍兴舜王庙会的会货表演集造型、杂技、舞蹈、音乐、武术等于一体，具有显著会稽山区地域特征，同时还带有祈福禳灾的古越巫艺能印记，具有特别丰厚的文化底蕴。

同时，在舜王庙会的民间艺术、文化景观、传说故事等丰富的文化资源中，不仅有关于虞舜信仰及祭祀仪式的题材与意象原

型，还有民众根据会稽山区稻作农耕的生产生活风俗和情感体验加入的一些小创意。如民众将当时生活中见到的官员出巡的一套仪仗十分殷勤地献给舜王，以此表达虔诚。再比如，开路队中的"打架老鼠"除了开路外，还兼具驱邪的功能。当地俗信，若是让"打架老鼠"敲到了，必会有好运。他们通过对仪式意义的理解、阐释，将传统的信仰文化纳入地方社会文化与群体、个人生活中。

[贰] 舜王庙会的价值

绍兴王坛的舜王庙会由来已久，内容十分丰富，是本地民众在历史长河中创造并共享的地方性文化盛事，凝聚着民众的智慧、情感和审美，具有重要的价值。

（一）道德力的价值

舜王是一位血肉丰满、形象鲜活的平民帝王，是儒家"修身、齐家、治国、平天下"的理想人格化身。五帝中，舜帝以德孝而享誉千秋，是儒家最为推崇敬仰的圣人之一。儒家"言必称尧舜"。舜帝宣扬"父义、母慈、兄友、弟恭、子孝"，开创了中华民族传统道德文化先河。

绍兴民间虞舜文化源于人们生产生活和道德实践的普遍经验，代表着百姓对道德楷模的推崇，体现了民众对清明政治的期许，其丰富的内容通过多种形式流传于当代民众的生活中。作为中华优秀传统文化的重要组成部分和重要载体，尧舜文化是乡村德治和廉政建设的传统道德文化资源，也是文化新创造的母体和源头。

舜的"德、诚、忍、孝"是中华民族优秀道德的集中体现，舜王庙会是这一文化的活动载体，具有重要的历史意义和现实意义。

（二）凝聚力的价值

绍兴舜王庙会是当地民众共同的文化财富，在虞舜文化研究会的协调下，自然村落成为基本单位，实现了对庙会的群体性传承。将虞舜文化的软约束力量和现代法律制度的硬约束力量相结合，形成一套卓有成效的组织模式，有利于激发民众相互协作的自我管理意识，能够有效推进当代美丽乡村精神文明建设及和谐社会治理。

会稽山区因水库修建，大量村民外迁，"空心村"问题突出，一年一度的舜王庙会使外迁的居民得以保存文化的根脉。"舜文化走出去，港澳台同胞、海外侨胞和舜裔宗亲可以进一步增进对伟大祖国和中华民族的融合与认同，各国人民可以进一步加深对中国优秀传统文化人本、公正、诚信、和谐、睦邻、友爱思想价值的理解和认同，从而推动和谐社会与和谐世界的建设。"[1]

（三）生产力的价值

个性鲜明、独具特色的文化，就是优秀的具有强大生命力

---

[1] 陆魁宏：《论舜文化在新时代的精神价值》，《湖湘论坛》，2012年第4期。

的文化。文化资源的研究开发是文化发展的基础，是文化产业的灵魂。

　　除了吸引当地民众参与，舜王庙会对外地游客也具有极大的吸引力。外地游客离开当代城市的喧嚣，参加一次古老的、能够唤起个体或集体记忆的庙会，能够重新认识中国传统文化的奥秘。同时，传统的庙会具有集市贸易功能，在当地经济发展中有积极正面的影响。

　　舜王庙会具有民间艺术、文化景观、传说故事等丰富的文化资源，以双江溪舜王庙为中心的舜王庙宇群，地处小舜江水库源头，优越的区位条件有利于助推会稽山区乡村振兴和全域旅游向纵深发展。

八、舜王庙会的保护与复兴

2007年，舜王庙会被认定为绍兴市第一批非物质文化遗产，6月被列入第二批浙江省非物质文化遗产名录。

也就在这一年，一直完全由当地农民自行组织的巡会队伍，抬着久不见天日的舜王神像，吹吹打打、浩浩荡荡地走上了王坛镇的大街。中断了近半个世纪的文化传承，终于有了现代的余绪，走上了保护与复兴的道路。

八、舜王庙会的保护与复兴

绍兴舜王庙会在当代的命运，大体依循从发掘到保护，从传承到复兴的客观发展规律前进。2007 年，舜王庙会入选绍兴市第一批非物质文化遗产名录，6 月被列入浙江省第二批非物质文化遗产名录。绍兴舜王庙会的传承发展，可分为并不十分明晰的两个阶段，即从开发利用到主动保护，再由积极传承到当代复兴。

[壹] 从开发开启的保护之路

20 世纪 80 年代以后，在全国各地"文化搭台、经济唱戏"的浪潮下，绍兴舜王庙会作为当地独特的文化资源被挖掘出来。2000 年 10 月 22 日至 24 日，王坛镇人民政府积极推动，与绍兴县文保所、绍兴县农副产品产销服务公司共同推出了第一届"绍兴舜越文化节暨农特产品交易会"，活动主题为"观赏舜江风光，挖掘舜越文化，展示山区特色，振兴王坛经济"。如今回过头看，这一活动在当时仅是一次比较普通的经贸推介会。王坛镇人民政府作为主办者，期望可以借此活动为王坛镇开拓新的经济增长点，发掘地方的人文旅游资源。因此，传统舜王庙会的祭祀信仰功能在这一过程中被有意无意地淡化，着重强调了舜王文化的人伦教化意义。在这次活动中，舜越文化被定义为"众善奉行，诸恶莫作""万事礼为首，百善孝为先"的舜王精神。但是，也正是这一次活动，为未来的非遗保护工作打开了重要的窗口。

2005年3月，国务院办公厅首次对非物质文化遗产保护工作发布权威性意见，出台了《关于加强我国非物质文化遗产保护工作的意见》，旨在通过全社会的努力，建立起比较完备的非物质文化遗产保护体系，使我国那些珍贵的、濒危的非物质文化遗产得到有效的保护传承。借此东风，在当年农历九月廿七如期举办的绍兴舜越文化旅游节开幕式的当天下午，王坛镇中心操场举行了一场综合性的表演，表演项目包括越剧、鹦哥班、莲花落及小品、歌舞等。同时，为了配合舜王庙会申遗申报片的制作，在当地一些文化人士的推动下，湖墩舜王庙前举行了一场小规模的传统会货表演，供拍摄之用。这些展示展演工作，在社会上引起了巨大的反响。2007年农历九月廿七，仿佛水到渠成，绍兴舜王庙会的巡会会货表演正式恢复。2008年，旅游节定名"绍兴虞舜文化旅游节"，此后的十多年里，针对舜王庙会如何开发、如何保护，一系列的工作也在不断的摸索过程中逐渐走向成熟。绍兴舜王庙会的规模不断扩大：巡会的时间从2007年的1天，延长到了如今的3天；巡会的规模从最初的12个会货，发展到了如今的29个会货；参与巡会的群众规模、社会影响力不断增大。与此同时，绍

兴舜王庙会的保护工作也在不断地专业化、精细化、制度化。

（一）来自政府的资金与制度支持

保护好、传承好、发展好虞舜文化是绍兴义不容辞的责任。自非物质文化遗产保护工作起步以来，舜王庙会就被列入保护名录，开始了记录保存、研究交流、传承传播、转化利用等各项工作。2007 年起，柯桥区设立了区级非物质文化遗产专项资金，为非遗保护提供资金保障。此外，为规范和加强这项资金的管理，提高资金使用效率，促进非物质文化遗产保护、传承工作，柯桥区还出台了《柯桥区非物质文化遗产保护专项资金管理办法》，确保该项资金落实到位。在这些政策的推动下，从 2010 年起，柯桥区非遗保护中心每年划拨绍兴舜王庙会非遗保护专项经费 11 万元。2022 年，绍兴舜王庙会获得国家非物质文化遗产保护专项资金 40 万元，主要用于项目调查研究、记录、传承活动、理论及技艺研究、出版、宣传展示等工作。

此外，在 2008 年、2009 年王坛镇人民政府连续举办两年舜王庙会，但效果皆不理想的情况下，镇政府在工作方法上主动寻求突破，由政府主办转向政府主导，充分调动了社会各界人士，尤其是普通乡民的参与热情。自 2010 年起，舜王庙会的主要组织者由王坛镇政府改成了绍兴市虞舜文化研究会。王坛镇政府将具体的组织工作委托给他们，只负责场地和经费上的支持。这一举措使得舜王庙会焕发了更强的生机。研究会的民俗精英们一方面熟悉各种地方事务，对当地的舜王庙会传统有着充分的了解；另一方面，他们对于参与各类地方事务拥有很强的积极性，对社会舆论也很敏感；最后，也是最重要的一个方面，他们往往在当地生活多年，有一定的社会威望，退休的生活状态和丰富的人脉网络使他们有充分的时间和资源，来推动舜王庙会的恢复。[1] 几乎每一年的舜王巡会、祭舜大典，都会收到社会各界的捐资出力。

在此过程中，围绕舜王庙会的开发利用与生态保护，王坛镇人民政府还逐渐出台了一系列的管理规范，保护工作逐渐成熟，逐渐常态化、长效化。

其一，建立规范制度，确保长效工作机制。相关部门围绕舜王庙会的保护工作，先后出台了《绍兴市柯桥区人民政府办公室关于进一步加强柯桥区文化遗产保护工作的意见》《关于建立柯桥区省级以上非遗代表性项目专家指导组的通知》《绍兴市柯桥区人民政府办公室关于柯桥区深化"非遗进校园"工作的实施意见》《关于建立非物质文化遗产活态展示体验基地的工作意见》等政策。绍兴市先后谋划出台了《绍兴市非物质文化遗产代表性项目申报评定暂行办法》《绍兴市非物质文化遗产代表性传承人认定与管理暂行办法》《绍兴市非物质文化遗产代表性传承人考核办法》《绍

---

[1] 袁瑾:《地域民间信仰与乡民艺术》，中国社会科学出版社，2017 年。

兴市非物质文化遗产传承基地认定与管理暂行办法》等多项配套制度，以指导具体工作的开展落实。

其二，坚持保护第一，传承优先，不搞大开发。对于虞舜文化的重要性、不可再生性，逐渐形成共识，按照保证"完整性""真实性""延续性"的要求加强保护，积极探索实施符合地方实际的"优秀乡土文化保护传承工程"，将虞舜文化资源的保护传承纳入其中统筹谋划、系统推进。

其三，坚持以民众为主体，民生为本，提升村落生活空间质量。一方面，尊重乡俗力量和乡治传统，提高民众的认同感和归属感，依托传统，以老百姓听得懂、用得上、与其自身息息相关的民俗话语系统来推进保护工作；另一方面，以现代生活理念为引领，统筹公共资源配置，提高民众的获得感和幸福感。完善道路交通、供水、垃圾和污水治理等基础设施，以及卫生、消防、防灾避险等必要的安全设施，整治古庙宇周边公共环境。

其四，也是最重要的一点，是坚持合理利用，注重转化，实现村落可持续发展和虞舜文化传承的双赢。既不主张对虞舜文化保护的急功近利，也反对"成功旅游学"对虞舜文化资源的"围剿"，因地制宜，因俗而治，采取"虞舜文化＋"的多样化保护利用模式。

（二）走向民间的普查与保护

作为绍兴虞舜文化的发掘和保存者，以及绍兴市虞舜文化研究会的首任会长，俞日霞先生自 2001 年起，历时 4 年，走访绍兴县（今柯桥区）、上虞市（今上虞区）、诸暨市、嵊州市的 58 个村，调查会稽山区的舜王信仰。有感于公祭仪式的千篇一律，他开始查阅典籍，并联络会稽山区各庙宇主事，希望能够恢复 1949 年前民间祭祀盛况。他出版了《绍兴虞舜文化研究》《绍兴舜陵考》等重要著作，奠定了其后对绍兴舜王庙会进一步保护性发掘、普查的工作基础。

2018 年起，在绍兴市虞舜文化研究会会长俞婉君推进下，绍兴舜王庙会口述史的全面调查再次启动。研究会一方面组织了 4 位绍兴市著名文史专家进行相关的学术调查，另一方面发动大学生访谈传承群体，开展了"以青春之口，述青春之非遗"的口述史记录工作，利用现代数码技术记录受访人的陈述内容，最大限度地保存完整信息，制作图文并茂的绍兴舜王庙会口述史影像。

绍兴文理学院大学生吴越文化研究会成立于 1996 年，是由一群长期从事绍兴民间文化研究与保护工作的教师带动志同道合的大学生创建的。2015 年，该社团在指导老师俞婉君的邀请下，参与绍兴民间虞舜传说的调研，此后部分社团成员深入绍兴南部开展绍兴民间虞舜文化调研，正式拉开了社团对绍

2019年4月1日，顾希佳教授专程赴绍兴，对绍兴舜王庙会口述史前期调查工作进行总结
（俞婉君摄）

兴民间虞舜文化传承的序幕。在此期间，参与活动的社员主要跟随老师深入王坛镇进行实地调研，感悟虞舜精神。绍兴文理学院大学生吴越文化研究会主动承接了"绍兴舜王庙会口述史"课题，将挖掘"绍兴人的舜王纪念"专题调研视为"青春激活非遗"的使命担当。社团以青春之口，述青春之非遗，打破民间文学专家笔录的资料性的常规写法，以青春视角挖掘和解读绍兴民间虞舜文化，多次深入农户，制作《对话绍兴舜王庙会传承群体》采访视频，写作大学生眼中《绍兴人的舜王纪念》口述史书稿，两项目均获得 2022 年度文化和旅游部非物质文化遗产司专项经费资助。目前，采访视频拍摄制作工

作仍在继续，相关书稿撰写工作基本完成，处在文字润色定稿阶段。

　　将抢救性记录中的口述访谈内容梳理转化成口述史，是一项绵绵用力、久久为功的事业，需要广大青年人的积极参与和自觉传承。口述史撰写过程中，在保留口述真实可信的特点的同时，也要兼顾语言文字的严谨性、学术性和可读性，以纪实影像与文字叙述相结合，立体地展现非遗传承人的文化记忆，更加符合现代阅读体验，以吸引越来越多的青年人参与到非遗传承的队伍中，

绍兴文理学院学生调研 "绍兴舜王庙村级传承基地可行性方案" 课题（绍兴市虞舜文化研究会提供）

绍兴文理学院学子在双江溪舜王庙调研采访（俞婉君摄）

真正达到保护传承的效果。

（三）传承风物的修缮与保护

1978 年，日本松山芭蕾舞团团长一行人的到来，使双江溪舜王庙重见天日。为了迎接外宾，在县领导的指示下，当时的两溪公社干部指挥工人将涂在壁画、雕刻上的黄泥、石灰刷洗干净，还原了舜王庙的本来面目。日本友人对双江溪舜王庙的建筑艺术赞不绝口，回国后专门撰文介绍舜王庙，从此舜王庙名声大振，吸引国内不少专家学者前往考察。1979 年，双江溪舜王庙以"绍兴舜王庙"名义被确定为绍兴县（今柯桥区）县级文物保护单位。1986 年，绍兴县文物保护部门从两溪中学手中收回双江溪舜王庙，并出资 30 余万元，着手修缮。整个工程历时 3 年，于 1988 年年底正式竣工，1989 年年初正式对外开放，维修工作持续不断。修缮后的舜王庙格局也有所调整，东西配殿原百子堂改为财神殿和观音殿，庙前原惜字亭改为弥勒殿。前殿正中神龛舜王坐像东西两旁分立的四大臣像改为八大臣坐像。后殿樟木雕成、四肢灵活的舜王坐像（面呈五彩，头戴平天冠，身穿蟒袍，足蹬朝靴），换成仿青铜材质的舜王坐像，两边新塑了两妃神像。1987 年 7 月，原绍兴县人民政府重新公布舜王庙为县级文物保护单位，正式纳入政府保护范畴。此后，舜王庙的保护维修工程不断，保护、管理工作亦日趋完善。1990 年代后，文物部门在舜王庙西看楼开辟

绍兴舜王庙陈列室（俞婉君摄）

了《虞舜史迹陈列》展示，让人们了解舜的历史、政绩，以及舜王庙本身所蕴含的历史、艺术、科学价值。1997 年 8 月，浙江省人民政府公布舜王庙为省级文物保护单位。2008 年，政府财政拨款 690.1215 万元，在原两溪中学校址上完成了舜王庙环境综合整治配套设施改造工程，进一步完善了舜王庙保护管理工作。2010 年，由区财政文物保护专项经费列支 120 万元，进行舜王庙环境综合整治改造二期工程。2012 年 12 月，舜王庙被评定为国家 AAA 级旅游景区。2013 年 3 月 5 日，国务院公布舜王庙为第七批全国重点文物保护单位。2019—2023 年，绍兴市柯桥区博物馆（区文物保护管理所）利用国家文保专项资金、浙江省诗路文化建设资金近 1400 万元，实施了舜王庙基础抢险加固及壁画修复保护工程。

[贰] 由传承走向文化振兴

经过连续多年的恢复和重建，传统舜王庙会基本得到恢复。庙会祭祀仪式形态已完备，"座会"与"巡会"兼而有之。在双江溪舜王庙、湖墩舜王庙和谷来吴山舜王庙的庙宇正殿举行的"座会"恢复了摆供、祭拜、请寿、宿山、进香、娱神表演、高台戏曲等传统仪式环节。"巡会"恢复了梳妆、升舆、起马、驻马、供筵、斋饭、入庙等传统仪式环节。来自近 70 村约 1000 人的巡会队伍足迹遍布 21 个村落，并举行 29 种会货表演，巡会时间长达 4

天。巡会会货已基本延续了传统的队列结构、表演项目和表演风格。绍兴舜王巡会也是全国规模最大的舜王巡会。

（一）传承基地的建立

2010年，在舜王庙会核心圈王坛镇时任镇长卢宝良力排众议的支持下，在王坛镇著名企业家徐爱华、王家德、张国萍等的热情参与下，绍兴市虞舜文化研究会成立，研究会会员系由关注绍兴地区虞舜文化研究、传承、开发和利用的热心人士、企事业单位和社会团体组成，基本会员为舜王庙会基本传承单位——97座村庙的庙首，目前在册会员200余名，核心工作组共有成员13名。同年，研究会全面承担起传统舜王庙会祭祀和巡会具体事宜。2012年，绍兴市虞舜文化研究会列入绍兴市非物质文化遗产研究性传承基地名单；2021年，被国务院授为"绍兴舜王庙会"项目责任保护单位。在研究会的推动下，传统祭典仪式流程范式得以恢复，探索出研究会、片区、村庙三级运作的民间自治模式，制作1100多套会货用品，恢复会货31种，巡会队伍人数达1000人以上；对祭典仪式和非遗表演、巡会过程和会货表演采用视频、照片、新闻报道结合的记录方式，并做好电子归档工作；会刊《虞舜文化》记录当年舜王庙会的传承、研究、宣传；收集整理文献，深入民间调查，出版专著4部。

2012年，舜王庙虞舜文化展示馆列入绍兴市非物质文化遗产展示性传承基地名单。2013 年，王坛镇中学列入第三批绍兴县非物质文化遗产项目传承基地。2018 年，王坛镇中心小学列入第四批柯桥区非物质文化遗产传承基地。

现主要以王坛镇双江溪舜王庙（32000 平方米）、湖墩舜王庙（4800 平方米）、谷来吴山舜王庙（2300 平方米）为核心保护场所，定期开展庙会活动。资金来源主要以民间捐资为主，每年有 15 万元以上自筹资金支持传承传播活动。

（二）舜王庙会文化资源的利用

1. 旅游开发

20 世纪 80 年代以后，在全国各地"文化搭台、经济唱戏"的浪潮下，舜王庙会作为当地独特的文化资源被挖掘出来。2000 年 10 月 22 日至 24 日，"绍兴舜越文化节暨农特产品交易会"在双江溪舜王庙举办，以"观赏舜江风光，挖掘舜越文化，展示山区特色，振兴王坛经济"为活动主题，2008 年改名为"绍兴虞舜文化旅游节"，在保留传统文化项目的基础上，融合了创新元素，将优秀的虞舜传统文化与时代相结合，以期更好地传承虞舜精神、弘扬虞舜文化，助推乡村振兴。如 2015 年虞舜文化旅游节，"生态王坛"的重头戏为"寻找最洁净的天空"——王坛负氧离子浓度竞猜活动，传递生态保护的理念。2018 年，王坛镇政府直接提出"生态为底，文化筑魂，打造乡村振兴'王坛样板'"。2021 年，

2021年度绍兴市虞舜文化旅游节开幕式（房霏斐摄）

推出非遗风华、锦绣国遗、舜德驿站打卡、清廉赠书、朝舜之旅研学游、"舜德"直播间、宝藏乡村王坛推介展、美丽乡村文艺展演等精彩活动。旅游节每年吸引数万人参与，成为会稽山区具有浓郁地方特色、传承"虞舜精神"的重大节日，也是王坛镇日益打响生态旅游品牌、扩大王坛知名度、推动乡村振兴的一大盛会。

近些年来，当地政府积极推进本市全域旅游示范区行动，开

展舜王庙的宣传推介、古建筑和周边生态环境保护、基础设施改造提升工程等。2018年,《柯桥区小舜江(南溪)农村产业融合发展创建实施方案》将虞舜文化传承纳入规划,设计了虞舜文化园、舜田闻稻种植基地和舜源福地生态慢生活示范区。虞舜文化园:依托舜王庙,利用园内闲置厂房,建设体现虞舜文化特色,传承弘扬农耕文化、民俗文化、梅花文化、茶叶文化等,集旅游、休闲、餐饮、学术与文化传承研究、传统技艺展示、VR展览馆于一体的文化主题风情园区。舜田闻稻种植基地:占地130余亩,发展水稻新品种,弘扬稻作文化。舜源福地生态慢生活示范区:实施小舜江(南溪)沿岸景观带打造工程,与周边农旅文融合发展节点相融相生,并开展砌坎、绿化、生态游步道等综合治理。

2. 文化共建

为进一步传承、弘扬优秀传统文化,营造非遗保护的良好社会氛围,宣传展示柯桥区非遗保护成果,推动非遗项目创新性转化、创造性发展,自2018年起,在每年的舜王庙会期间,柯桥区非遗保护中心设立非遗风华展区,绍兴花雕酿制技艺、剪纸、绍兴扇艺(扇面画)制作技艺、绍兴铜雕制作技艺、上虞特色豆制品制作技艺、扯白糖技艺等诸多非遗项目精彩亮相,融展示、展演、展销于一体,为附近村民与游客呈现了一场文化盛宴。

此外，为促进绍兴非物质文化遗产资源的创造性转化和创新利用，推动非遗与旅游的融合发展，助力乡村振兴，服务民众美好生活，2019 年绍兴市文化广电旅游局汇聚全市之力，策划组织了"绍兴有戏——非遗兴乡大巡游"活动。2020 年"非遗兴乡大巡游"活动对下辖的 6 个区、县（市）进行了全覆盖。舜王庙会社戏"白神会""三十六行会""八仙会"参加兴乡大巡游活动，精彩纷呈、特色鲜明的表演为乡村注入了生机和活力。

2021 年 1 月 1 日，柯桥区非物质文化遗产馆新馆开馆。新馆总建筑面积 5000 平方米，位于柯桥古镇历史文化街区。舜王庙会展示位于主展厅第一分厅，综合运用场景还原形式展现会稽山区舜王信仰活动。

3. 回归生活

通过传承与弘扬孝德文化和乡贤文化等，有效化解基层矛盾，促进社会和谐和乡风文明，从而激活农业农村内生发展动力。

其实现路径大致包括：

（1）在村落自治层面，主要通过打造"草根"文化团队、激活民间文化潜力和推动农村文化发展进行信俗文化价值的创新转化；

（2）在政社合作层面，主要通过塑造民间节庆品牌或建设非遗基地进行信俗文化价值的创新转化；

在2021年"绍兴有戏——非遗兴乡大巡游"中应邀参演的八仙会（俞婉君摄）

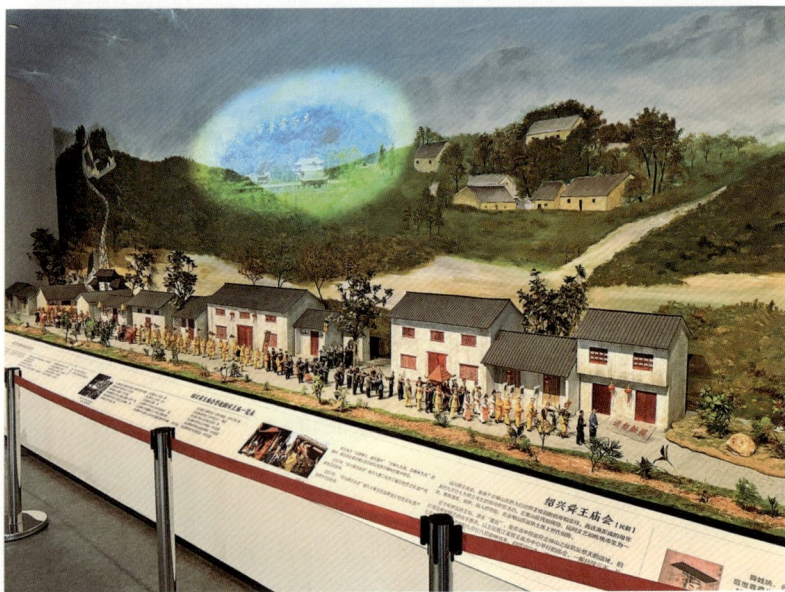

柯桥区非遗馆绍兴舜王庙会展厅（绍兴市虞舜文化研究会供图）

（3）在市场转化层面，主要通过资本下乡和产业引导，以特色小镇或田园综合体建设的模式进行信俗文化价值的创新转化。[1]

---

[1] 张祝平：《以文化共富开创虞舜文化传承发展新格局》，2022 年度《绍兴虞舜文化》（内刊）。

后记

绍兴舜王庙会的历史源远流长，世代生活在会稽山脉南部山区的民众，口口相传着舜王的传说。这种情感，刻诸历史，凝聚于风物，流散于日常生活的每一个角落，为绍兴人民留下了丰沛的非物质文化遗产。

为了传承、保护乃至发扬这份珍贵的文化遗产，绍兴的知识分子、地方贤达，在绍兴市、柯桥区、王坛镇的领导与帮助下，自发组织起了绍兴市虞舜文化研究会，在传统乡村社会纽带逐渐衰落时，接过了绍兴舜王庙会的保护与传承工作，通过广泛搜集历史资料、组织村民恢复传统会货表演，以形式生动的绍兴舜王座会、巡会，唤起广大民众的保护意识，并进一步弘扬舜王的"德、诚、忍、孝"文化，推进绍兴当代美丽乡村文明的体系建设与和谐社会治理。

本书在编写过程中得到了绍兴市委市政府领导的重视与支持，受到了柯桥区文旅局、王坛镇人民政府各级领导的关心与帮助。浙江省委宣传部原常务副部长童芍素在本书的策划、编写乃至后续的修改中，都给与了细致的指点。同时，本书的不少资料也受益于许多前辈学者的努力，尤其是绍兴市虞舜文化研究会多年的调研与记录——如果没有俞日霞先生近半个世纪前开创性的发掘、整理、保护，无论是介绍绍兴舜王庙会的本书，还是绍兴舜王庙会本身，都会遭遇不可想象的困境。

本书在撰写过程中，还得到了华东师范大学终身教授陈勤建先生以及诸多浙江省非物质文化遗产保护专家的悉心指导，在此致以衷心的感谢！

编著者

2023 年 1 月

图书在版编目（CIP）数据

绍兴舜王庙会 / 俞婉君，钱斌编著 . -- 杭州：浙
江古籍出版社，2024.5
（浙江省非物质文化遗产代表作丛书 / 陈广胜总主
编）
ISBN 978-7-5540-2846-9

Ⅰ . ①绍… Ⅱ . ①俞… ②钱… Ⅲ . ①庙会—风俗习
惯—介绍—绍兴 Ⅳ . ① K892.1

中国国家版本馆 CIP 数据核字 (2023) 第 253710 号

绍兴舜王庙会

俞婉君　钱　斌　编著

出版发行	浙江古籍出版社	
	（杭州市环城北路177 号 电话：0571-85068292）	
网　　址	https://zjgj.zjcbcm.com	
责任编辑	石　梅	
责任校对	刘成军	
责任印务	楼浩凯	
设计制作	浙江新华图文制作有限公司	
印　　刷	浙江新华印刷技术有限公司	
开　　本	960mm×1270mm 1/32	
印　　张	6	
字　　数	110千字	
版　　次	2024 年 5 月第 1 版	
印　　次	2024 年 5 月第 1 次印刷	
书　　号	ISBN 978-7-5540-2846-9	
定　　价	68.00元	

如发现印装质量问题，影响阅读，请与本社市场营销部联系调换。